인도 고전어
쌍쓰끄리땀
첫마당

1

학습서

संस्कृत

saṃskṛtavākyopakriyānvākhyānam 1

강성용 지음

인도 고전어 쌍쓰끄리땀 첫마당

학습서 1

rasa

वाक्योपक्रिया

머리말

쌍쓰끄리땀 교재를 준비하는 과정에서 교재의 초고들을 강의 자료로 사용한지 꽤 오랜 시간이 흘렀다. 그 과정에서 수많은 학생들과 학습자들의 많은 좋은 제안들과 필자의 새로운 생각들이 교재의 구성과 내용에 지속적으로 반영되어 왔다. 그 결과 교재와 별도로 보다 상세하고 전문적인 설명을 담은 학습서를 따로 집필하는 일이 필요하다고 생각하게 되었다. 교재와는 다르게 분량과 학습 내용의 흐름을 크게 고려하지 않은 채, 좀 더 깊이 있고 전문적이거나 또는 미래의 전문가를 지향하는 학습자들에게 필요한 내용, 또 사족처럼 보일 수도 있는 내용을 이 학습서에 담았다. 독학을 하는 학습자이거나 특정한 언어 현상에 대해 보다 분명하게 이해하고 싶은 학습자들에게 도움이 될 만한 내용을 담는 것이 주된 목적이기는 하지만, 연습문제의 풀이나 추가적인 예문들 혹은 교재의 본문에서 요구하는 연습내용의 답을 제시하는 대목들은 널리 사용될 수 있는 내용이라고 생각한다. 모든 학습자들이 반드시 알고 익혀야만 하는 내용들을 담은 것은 아닌지라, 각자의 필요와 맥락에 따라 본 학습서를 적절하게 활용하기 바란다.

교재와 학습서의 준비 과정에서 많은 도움을 주셨던 분들에 대한 감사의 인사를 이미 교재의 머리말에 적었던 만큼 몇몇 분들께 추가로 감사의 인사를 적으면서 학습서의 머리말을 갈음할까 한다. 쉽지 않은 일이었지만 너무나 기꺼이 그리고 열정적인 노력으로 교재에서 필요한 내용들을 녹음해 주고 또 많은 제안들을 해 준 우빠다이(Vandana Upadhyay)씨께 감사를 드린다. 데바나가리 문자가 섞인 원고를 훌륭하게 편집해 주신 이은경 실장님과 훌륭한 책으로 출간해 주신 도서출판 라싸의 모든 관계자 여러분들께 감사의 마음을 전하고자 한다.

2022년 3월 18일

관악산에서 강성용

일러두기

본 학습서의 구성과 서술의 형식은 『saṃskṛtavākyopakriyā 인도 고전어 쌍쓰끄리땀 첫마당 1』과 동일한 방식을 취한다.

✤ : 교재에 제시된 각 설명 항목들의 번호를 표시.

▷ : 교재와 학습서에 제시된 연습문제의 문항 번호를 표시.

⇗ : 앞서 설명된 항목을 참조하라는 표시.

⇘ : 뒤따라 제시될 항목을 참조하라는 표시.

※ : 교재에는 없고 학습서에서만 나타나는 항목을 나타내는 표시.

← 혹은 → : 형태상의 변화 혹은 의미상의 전용을 표시.

√ : 동사말뿌리를 나타내는 부호.

/ : 형태상 혹은 해석상의 다른 가능성이 있는 경우를 표시.

✓ : 연습문제 풀이에 제시된 추가 설명을 표시.

본 학습서에서 사용되는 줄임말은 아래와 같다.

Ā.	ātmanepada	
P.	parasmaipada	
[a.]	adjective	형용사
[adp.]	adposition	부치사
[adv.]	adverb	부사
[f.]	feminine	여성(명사)
[ind.]	indeclinable	불변화사
[m.]	masculine	남성(명사)
[n.]	neuter	중성(명사)
[prn.]	pronoun	대명사
(den.)	denominative	명사유래형
(ifc.)	in fine compositi	겹낱말의 뒷자리에서
(impf.)	imperfect	과거형
(inf.)	infinitive	부정형
(pass.)	passive	수동형
(caus.)	causative	시킴형
(p.p.)	past participle	과거분사
sg.	singular	단수
du.	dual	양수
pl.	plural	복수
1.	uttamapuruṣa	일인칭
2.	madhyamapuruṣa	이인칭
3.	prathamapuruṣa	삼인칭

차례

5 머리말
7 일러두기

11 제1과

37 제2과
50 연습문제 풀이

57 제3과
67 연습문제 풀이

77 제4과
84 연습문제 풀이

87 제5과
92 연습문제 풀이

97 제6과
104 연습문제 풀이

109 제7과
113 연습문제 풀이

119 제8과
126 연습문제 풀이

134 제9과
141 연습문제 풀이

147 제10과
159 연습문제 풀이

165 제11과
171 연습문제 풀이

177 제12과
183 연습문제 풀이

191 제13과
200 연습문제 풀이

207 제14과
211 연습문제 풀이

제1과
संस्कृतवाक्योपक्रिया

※01.01 역사적으로 그리고 현대에도 쌍쓰끄리땀을 기록하는 문자들은 다양하며 사용되는 문자체계들도 많은 역사적인 변화와 변형을 겪어 왔다. 본 교재에서 쌍쓰끄리땀을 기록하는 문자로 배우게 될 데바나가리(devanāgarī) 문자는 13개의 모음을 표시하는 기호와 35개의 자음을 표시하는 기호를 가지고 소리를 구분한다. 표기하는 기호를 구분한다고 해서 실제로 소리가 그에 상응하여 구분되는 것은 아니다. 하지만 자세한 내용을 따지는 것은 초급자들이 이해할 수 있을 만한 내용을 벗어난다. 짧고 개괄적으로 쌍쓰끄리땀의 음소가 몇 개인지에 대해 살펴 볼 수 있는 자료는 William Sidney Allen의 책 *Sandhi: The Theoretical, Phonetic, and Historical Bases of Word-Junction in Sanskrit*. 's-Gravenhage: Mouton & Co. (1962)의 11쪽을 참조하기 바란다.

여기에 추가적으로 아누쓰바라(anusvāra)와 비싸르가(visarga)가 별도의 소리를 나타내는 문자로 자리 잡고 있다. 별도의 소리를 나타내는 것은 아니지만 모음이 탈락된 경우를 표시하는 아바그라하(avagraha)와 모음이 없는 자음만을 표기할 때 사용하는 비라마(virāma)가 별도의 부호로 사용된다. 데바나가리 문자를 포함한 다양한 인도의 문자들에서 각각의 문자가 모두 구분되는 각각의 소리를 나타내고 있는지를 따지는 것은 그리 간단한 일이 아니다. 문자가 도입되기 이전부터 인도 문법전통에서 이와 연관된 논란이, 특히 아누쓰바라와 관련해서, 아주 많았다. 같은 음소에 속하는 한무리소리(allophone)들이 있기 때문에—대표적으로 ñ의 경우를 들 수 있다—구분되는 모든 문자들이 서로 다른 소리를 나타낸다고 하는 것은 사실은 틀린 말이다. 그리고 아누쓰바라의 경우에는 이것이 단순한 모음의 콧소리됨(nasalization)을 표기하는 것인지, 아니면 앞선 모음에 추가되는 별도의 요소를 나타내는 것인지에 대해 빠니니 시기 이전부터 오랜 논쟁들이 있었고 고대인도의 문법전통들에서도 입장의 차이가 있었다. 결론만을 말하자면 아누쓰바라가 별도의 소리를 나타내는 기능이 있었다는 것을 받아들이는 것이 타당하다. 그렇게 본다면 아누쓰바라도 별도의 음소라고 할 수 있을 것이다. 이에 대해서는 George Cardona, "Developments of Nasals in Early Indo-Aryan: anunāsika and anusvāra", *Tokyo University Linguistic Papers* 33 (2013), pp. 3-81과 강성용, 「쌍쓰끄리땀의 아누쓰바-라와 콧소리 표기, 그 역사적 맥락과 표기 원칙」, 『인도철학』, 54집 (2018), pp. 123-161을 보라. 하지만 초보 학습자의 입장에서는 쌍쓰끄리땀을 배우는 맥락에서 문자의 구분은 소리의 구분과 일치한다고 간주하고 배워 나가는 것에 큰 문제는 없다.

※01.03 짧은 모음과 긴 모음의 길이를 대략 몇 분의 일 초 정도의 길이라고 생각하면 될지 묻고 싶을 수도 있다. 하지만 모음의 길이가 길고 짧다는 것은 절대적인 시간의 길이로 규정할 수 있는 것이 아니고, 발음하는 맥락에서 상대적인 정의만 가능할 뿐이다. 말을 아주 빨리 해야만 하는 상황에서의 "이 번 번호표"라는 말의 "이" 발음은 아주 천천히 말을 할 때의 "바로 이 사람"이라는 말의 "이"보다 짧을 수 있다. 이렇게 발음의 길이만 차이가 난다는 의미에서 i와 ī는 질적으로는 차이가 없고 단지 양적으로만 차이가 난다고 표현하기도 한다.

※01.05 초보 학습자들이 a를 "어"로 발음하는 방식은 한국어에서는 제주 방언에 아직 남아 있는 아래아 발음에 가깝다고 할 수 있다. a를 "어"에 가깝게 발음해서 ā와 구분하는 경우라면, a의 발음과 ā의 발음이 갖는 구체적인 차이는 발음을 할 때 얼마나 입이 벌려지는가에 있다고 할 수 있다. a를 발음할 때보다 ā를 발음할 때 턱이 아래로 더 많이 내려가는 것이 자연스러운 발음 방식이다. 따라서 이 차이를 "닫힌(closed) a"와 "열린(open) ā"라고 할 수도 있다. 현대 인도어를 발음하는 사람들은 이렇게 a와 ā가 질적으로 다르기 때문에 크게 길이에 차이를 두지 않는 경향이 있다. 예로 kāma를 발음할 때 길이 차이로만 구별을 하자면 "까아마"라고 해야 하겠지만 실제로는 "까머"에 가까운 발음이 되기 때문에, 양적인 차이를 통해 a와 ā를 구분해야 하는 필요가 크게 대두되지 않는 것이다. 이러한 현상은 이미 고대부터 있었던 것

이고 베다시기부터 a는 이미 ā와 다르게 발음되어 왔다. 이러한 차이를 이해하는 것은 중세 인도어에서 본격적으로 나타나는 어형변화를 이해하는 일에 중요하다. 또한 힌디(Hindī)와 같은 장음과 단음을 구별하는 현대 인도아리안어의 발음을 익히는 데에도 도움이 된다. 물론 벵갈리(Baṃlā)나 구자라띠(Gujarātī)처럼 모음의 장단음 구별이 사라진 현대 인도아리안어도 있지만 말이다. 따라서 이러한 고려에 입각해서 필자는 쌍쓰끄리땀을 처음 배우는 학습자들에게는 a와 ā의 발음을 구분할 것을 권한다. 물론 수많은 쌍쓰끄리땀 전공자들이, 그리고 인도의 특정지역에서는 a와 ā를 같은 소리로 발음하면서 이 둘을 길이의 차이로만 구분한다. 이 관행이 틀린 것이라고 하기는 어렵고, 또 많은 인도 이외 지역의 학자들도 이 관행을 따르고 있다.

고전쌍쓰끄리땀의 표준 체계를 만든 빠니니(Pāṇini)조차도 지금의 학습자들과 똑같은 고민을 해야 했다. i와 ī 그리고 u와 ū가 짝이 되듯이 a와 ā가 짝이 되어야만 아주 쉽게 이론적으로 모음체계를 설명하고 또 체계적인 이론을 구축할 수 있었기 때문이다. 빠니니가 고안한 기발한 해결책이 있었다. 빠니니는 자신의 문법체계 안에서 a를 길게 발음한 것이 ā라고 전제하고 이러한 발음, 다시 말해서 짧은 모음과 긴 모음의 짝이 맞아 떨어지는 방식의 발음을 근거로 해서 모든 문법체계를 서술해 냈다. 그리고 나서 맨 마지막에 딱 하나의 짧은 규정을 주었는데 그 규정은 "a a"였다. 이 규정의 의미는 "지금까지의 문법서술에 있었던 모든 a(아)는 사실은 a(어)이다. [따라서 모든 a는 a로 대체한다.]"는 것이다. 따라서 이 규정을 읽을 때에는 "아 어"라고 읽는 것이 일반적인데, 이 규정을 한국어로 읽을 때에는 "어 아"라고 읽는 것이 바른 발음일 수 있다. 문제는 주어와 서술어의 어순을 어떻게 상정하고 해석할 것인지에 달려 있는데, 여기에서 자세히 논할 내용은 아니다. 어떻게 읽더라도 내용상 해석에 대해서는 이견이 없다. 결국 문자 사용 훨씬 이전의 시기에 사용했다고는 믿기 어려운 해결책을 고안해 낸 셈이다. 모든 작업이 완성된 이후에 일괄적인 갈아 끼우기 명령어 하나를 첨가해서 문제를 해결한 것이다. 문법체계를 서술하는 데에서는 a와 ā를 짧은 모음과 긴 모음으로 짝을 지워 체계적인 서술에서의 문제를 피하고, 문법체계 서술이 완료되고 나서는 a의 발음을 실제 현실의 발음으로 대체해 넣은 것이다.

초보 학습자들이 a에 대해 어떤 발음을 택하더라도 a와 ā의 길이를 분명하게 구분하는 방식으로 발음을 하려고 노력하라고 필자는 조언하겠다. 처음에는 과장되다시피 들릴 만큼 ā의 길이를 길게 발음해서 읽도록 하는 것도 좋은 방법이다. 이것은 다른 긴 모음들(ī, ū, ṝ)의 경우에도 마찬가지이다. 쌍쓰끄리땀을 배워 나가면서 자연스럽게 그 상대적인 길이의 차이가 적당한 수준으로 조정되어 갈 것이기 때문이다. 이렇게 길이에 차이를 주어 발음하는 것은 음절의 강약을 이해하고 이에 따라 운문에서의 운율을 이해하는 데에도 중요한 일이기 때문에 무시할 만한 것이 결코 아니다. (☞✤17.13 이하)

※01.06 많은 인도 사람들은 "어"에 가깝게 발음을 하는데 많은 외국 학자들은 "아"로 발음을 한다. 전문 학자들 사이에서도 발음하는 방식이 다른 연유는 바로 a로 표기되던 소리가 어떤 소리였는지의 역사적인 배경에서 비롯된 것이다. "어"에 가까운 발음을 하는 현재의 상황은 많은 현대 북인도어에서 a와 ā를 길이의 차이가 아니라 "어"와 "아" 발음의 차이로 구분하는 것과 연관되어 있다. 이렇게 발음을 하면 a와 ā가 길이에서만 차이가 나는 같은 모음의 한 쌍이 되지 못하게 된다. a의 발음인 [ʌ]의 장음이 ā가 되지 않기 때문이다. i나 u의 경우 발음의 길이에만 차이를 주어 긴 모음 ī와 ū로 발음하는 것과는 확연하게 차이가 난다. 현대 북인도어들이 이러한 발음을 보여주는 것은 사실 그 언어들의 역사적 뿌리가 쌍쓰끄리땀이고 고대 쌍쓰끄리땀에서 이미 a가 "어"로 발음되던 현실에서 비롯된다.

a를 "아"로 발음하는 것은 a의 장음이 ā가 되어 짝을 이루는 모음으로 설명하기 쉽게 해 준다. 인도에서 a가 "어"로 발음되기 이전 단계의 역사적인 a의 원래 발음이 그러하다는 점과 또 인도 전통문법가들이 이론상의 체계를 가지고 쌍쓰끄리땀의 음운을 설명할 때 a를 ā의 짧은 모음으로 설명하는 방

식의 효율성을 인정했던 데에서 "아" 발음의 정당성을 찾을 수 있다. 이 사정이 현대의 많은 학자들이 a와 ā의 발음을 질적 차이가 아닌 길이의 차이로만 설명하는 이유가 되기도 한다. 따라서 학생들은 이러한 사실을 인식하고 있기만 하다면, 어느 한 쪽의 발음 방식을 따르면 된다. 어느 편이 더 정확하거나 어느 편이 더 우월하다고 주장하기 어려운 사정이 있다.

종교학이나 철학 등에 연관된 특정 분야에서의 제한된 관심 때문에 쌍쓰끄리땀을 배우는 학습자라면 굳이 이 발음의 문제에 크게 신경을 쓸 필요는 없다고 생각된다. 따라서 a를 "아"로 발음해서 연습을 해도 무방하다. 하지만 인도학을 전공하고자 하는 학생이라면 "어" 방식의 발음을 권하겠다. 베다시기부터 실제로 인도 사람들은 쌍쓰끄리땀을 발음할 때 이처럼 발음해 왔다. 다시 말해서 역사적 발음의 현실이 "어"였다는 말이다. 그리고 고전을 다루는 학습자가 이 사실을 의식하고 또 이해할 수 있으면 후대에 나타나는 중세 인도어나 현대 인도어에서의 수많은 음운변화를 쉽게 이해할 수 있는 토대가 된다. 그리고 부수적인 효과는 북인도에서 사용되는 많은 현대 인도아리안어 모음의 발음을 익히는 데에도 도움이 된다. 확장 가능한 공부의 기초가 될 것이라는 말이다.

※01.07 영어의 r과 프랑스어의 r이 다르지 않느냐고 묻는 독자들이 있을 것이다. 물론 다르다. 하지만 한국어를 모국어로 사용하는 학습자들 중에 이 두 소리 중의 하나를 발음할 수 있는 학습자라면 그것을 출발점으로 삼아 쌍쓰끄리땀의 ṛ발음을 연습하는 것이 좋은 방식이라고 필자는 생각한다. 쌍쓰끄리땀을 기준으로 할 때 -r로 표기되는 소리와 -ḥ로 표기되는 소리가 실제로는 한 무리소리(allophone) 관계에 있다는 사실을 고려하면 대략 이 정도로 설명하고 이해하는 데에 크게 무리는 없다.

ṛ발음이 아예 구현될 수 없다고 주장하는 것에는 문제가 있다. 예로 슬라브어파 계통의 언어들에서는 모음 역할을 하는 r의 예가 아주 많아서 그 언어들을 모국어로 쓰는 사람들에게 이 발음은 결코 어렵지 않다. 또한 이것을

의식적으로 구현할 수 있도록 훈련을 받은 언어학자들에게도 불가능한 일은 아니다.

영어로 된 책을 보면 흔히 『베다』(*Veda*) 텍스트 중의 하나인 『릭베다』(*Ṛgveda*)를 "Rigveda"라고 표기하는 것을 종종 볼 수 있다. 대문자 "R" 뒤의 "i"가 어디에서 나타나게 되었는지 독자들은 이제 이해할 수 있을 것이다. 엄밀하게 따지자면 이러한 표기나 이러한 발음은 정확한 발음은 아니다. 하지만 정확한 발음에 대한 설명이나 구현이 불가능한 상황에서 초보자들은 이 대체 발음을 연습하고 익숙해지는 것으로 충분하다. 좀 더 정확한 발음을 흉내 내 보고 싶다면 떠는 소리가 아닌 ṛ를 모음으로 발음하는 것에 도전해 볼 수는 있겠지만, 꼭 필요한 일은 아니다. 실제 발음을 할 때의 어려움은 이 소리가 영어의 r이나 프랑스어의 r처럼 혀를 혹은 목젖을 진동시켜서 덜덜 떨리는 듯한 느낌으로 내는 소리가 아니라는 사실이다. 다시 말해서 ṛ는 이론적으로는 떠는소리(trilled sound)가 아니다.

※01.08 ṛ의 발음에 대한 서술이 이렇게 복잡해지는 것은 이와 연관된 복잡한 사정이 있기 때문이며, 이것은 문법을 서술할 때는 물론이고 서술을 이해하는 데에서도 중요한 문제가 될 수 있다. 쌍쓰끄리땀에서 원래 방식으로 발음되던 ṛ는 정확하게 말하자면 모음이 아니다. 모음이 아니고 모음과 같은 역할을 할 수 있는 자음이다. 이것을 학자들은 "sonant"라고 부르기도 하고 "syllabic consonant"라고 부르기도 한다. 자음인데 모음과 같은 역할을 해서 그 자체가 한 음절을 이룰 수도 있고 또는 다른 자음과 결합해서 음절을 만들 수도 있는 자음을 말한다. 따라서 현대 언어학적 지식을 가진 우리로서는 ṛ를 모음이라고 단순하게 설명하고 받아들일 수는 없는 노릇이다. 그런데 모든 쌍쓰끄리땀 문법책들, 그리고 이 책에서도 ṛ를 모음에 포함시켜 설명하는 데에는 이유가 있다. 인도의 전통문법체계에서는 이것을 모음으로 취급하고 설명하는데, 이는 이러한 설명의 틀이 체계적이면서도 효과적으로 쌍쓰끄리땀의 음운변화 현상을 잘 설명해 내는 현실적인 장점이 있기 때문

이다. 따라서 우리는 앞으로 ṛ가 실제로 모음은 아니라는 사실을 알고 있지만, 그 역할이 모음이며 음운변화 현상 측면에서도 모음으로서의 음운변화를 따르기 때문에 문법체계상 모음으로 간주하여 다루도록 하겠다. 이와 마찬가지의 이론적인 문제가 모음 ḷ에서도 제기되지만 ṛ와 마찬가지로 인도의 전통문법체계에 따라 모음으로 간주하고 설명해 나가도록 하겠다.

※01.08(01) ṛ 모음을 표시하는 문자로는 r 아래에 검은 점이 찍힌 경우(ṛ)와 작은 원 형태의 점이 찍힌 경우(r̥)가 있다. 언어학자들이 의식적으로 후자의 표기를 사용하는 경우가 종종 있다. 이는 쌍쓰끄리땀에만 한정되는 것이 아니라, 이 문자가 나타내는 소리가 자음이 아닌 모음이라는 것을 분명하게 밝혀주기 위해서 그렇게 하는 것이다. 이러한 관점에서 본다면 후자의 표기가 더 정확한 표기인 셈이다. 따라서 인도학 전공자들 중에도 이 표기를 선호하는 학자들이 있다. 하지만 쌍쓰끄리땀 체계 안에서는 발음상 서로 구분될 ṛ와 r̥가 따로 있는 것이 아니다. 이 둘이 모두 하나의 같은 모음을 나타내는 표기일 뿐이다. 쌍쓰끄리땀에는 ṛ로 표기되는 자음은 아예 없다. 이 둘 모두 자음이 아니라 r에 해당하는 모음을 나타내는 것이기 때문에 어떤 표기 방식을 쓰더라도 오해가 생겨날 위험은 없다. 따라서 어떤 가능성을 택하느냐는 종종 학문적인 판단보다 필자의 입장이나 혹은 출판사에서 사용하는 폰트의 기술적인 문제에 의해 결정되는 것이 일반적인 상황이다. 모음 l̥의 경우에도 마찬가지여서 ḷ과 차이가 없다. 다만 이 두 표기 방식의 의미를 이해하지 못한 채 섞어서 사용하는 민망스러운 일은 하지 말아야 한다.

※01.09 고전쌍쓰끄리땀에서는 동사말뿌리 √kḷp에서만 모음 ḷ이 사용되고, 이 동사말뿌리에서 파생된 단어들에서만 모음 ḷ이 나타난다. 따라서 자주 나타나는 모음도 아니며 비중있게 연습해야 할 만한 것은 아니다.

※01.10 긴 모음 ḹ는 실제로 단어에서 나타나는 일이 전혀 없다. 다시 말해서 앞에 나온 표01.01에서 보이는 짧은 모음과 긴 모음의 상관관계 표를 온전하게 채우기 위해 있는 것처럼 이론적으로만 제시되는 모음이며 실제로는 존

재하지 않는 모음이다. 따라서 긴 모음 ḹ의 발음은 따로 설명할 필요가 없다. 그렇다면 실제로는 존재하지도 않는 긴 모음 ḹ를 왜 교재에서 설명하고 있는지 의문을 제기할 수 있을 것이다. 그 이유는 바로 인도의 문법전통에서 짧은 모음과 긴 모음의 상관관계가 완전하게 이루어지도록 만들기 위해 긴 모음 ḹ가 존재하는 것으로 상정하는 경우들이 있기 때문이다. 이러한 전통에 따라 이루어지는 문법설명의 맥락에서는 긴 모음 ḹ가 등장하며, 이 경우에 대비해서 독자들이 긴 모음 ḹ에 대해 이해할 필요는 있다.

※01.11 e가 항상 긴 모음으로 발음되어야 하는 데에는 역사적인 이유가 있다. 역사적으로 e는 짧은 모음 a와 짧은 모음 i가 결합된 모음 즉 "a + i"로부터 나온 것이고, 이 역사적인 연원에 따라 "ai"와 같은 것으로 취급되는 맥락이 있다. 그리고 역사적으로 실제 발음이 "아이"에 가깝게 발음되는 복합 모음이었던 시기가 있었는데, 이것이 축약되어 고전쌍쓰끄리땀의 e가 된 것이다.

이 대목에서 이론적으로 오해의 소지가 있다. 즉 원래는 복합 모음으로 a+i였던 것이 나중에는 단순 모음 e가 되었다는 것은 시대적으로 인도아리안어들이 변화해 온 과정에 대한 정확한 서술이다. 그런데 우리가 배우는 고전쌍쓰끄리땀에 대한 판단을 할 때 e를 복합 모음으로 취급할지 단순 모음으로 취급할지에 대해서는 기준이 되는 시점을 어디로 잡느냐에 따라 서로 다른 주장이 가능해진다. 우리가 고전쌍쓰끄리땀의 기준으로 삼는 빠니니의 문법체계를 따르자면, 그 당시의 음운변화 현상이 명확하게 보여주는 것은 바로 e = a + i라는 사실이다. 이 말은 그 당시의 발음이—실제 일상생활의 발음은 달랐을 수 있지만, 최소한 빠니니문법이 서술하고 다루는, 그들이 생각하던 표준적인 쌍쓰끄리땀에서는—복합 모음이었다는 뜻이다. 이것은 명백하다. 그렇다면 우리도 e를 복합 모음으로 발음해야 하지 않을까라는 생각이 들 수 있다. 하지만 역사적으로 e가 쌍쓰끄리땀에서 오랜 기간 단순 모음으로 발음되어 왔다는 것도 명백한 사실이다. 시대적으로 복합 모음으로 발음되던 시기보다는 후대의 발음이기는 하지만 이 발음이 쌍쓰끄리땀의 발음으로 관철되어 온 역사도 무척이나 길다. 또 다른 문제는 복합 모음과 단순 모음으로의 구분이 현실적으로 쉽지 않은 중간 형태의 발음을 했던 시기도 있었을 것이니, 어느 시기의 누구는 어떤 발음을 했다라고 딱 잘라 말할 수 있는 상황이 아니다. 이러한 상황에 대한 예로는 아래 ※01.12(01)에 제시된 "외"와 "위"를 들 수 있겠다. 따라서 현대의 우리가 e를 발음할 때 이론적 근거를 최우선으로 간주하고 고대의 발음을 구현하고자 노력한다고 해도 그것이 가져오는 실익이 별로 없다. 복합 모음으로 발음해서 얻을 수 있는 실익이라면 e = a + i라는 사실에 대한 이해와 암기가 편하다는 정도일 것이다. 따라서 우리는 인도 전통들이 두루 따르고 있는 관행에 맞추어 단순 모음으로 발음할 것이다.

단순 모음처럼 발음이 되기는 하지만, 원래는 복합 모음이었던 까닭에 e는 긴 모음으로 발음해야 한다. 역사적 연원 때문에 e의 소리가 변화하게 되는 경우에는 항상 e = a + i의 등식이 성립되는 것으로 생각하면 된다. 나중에 설명될 싼디에 적용시켜야 하므로 e = a + i라는 등식을 잘 기억하기 바란다. 중세 인도어나 현대 인도아리안어에서 나타나는 발음에 따라 e를 짧은 "에"로 발음하는 것은 피해야 한다.

※01.12 드물지만 "ai"가 아니고 "āi"로 표기하는 경우가 있는데, 이것이 더 정확한 표기이기는 하지만, 쌍쓰끄리땀을 로마자로 표기할 때 일반적으로 사용하는 표기는 아니다. 쌍쓰끄리땀의 ai는 역사적으로 인도이란어의 *āi 에서 나온 것이다. 따라서 ā + i가 결합된 것이기 때문에 āi로 표기하는 것도 가능하겠지만, 쌍쓰끄리땀에서 ai와 구분되는 āi가 따로 존재하지 않기 때문에 표기에 따른 오해의 여지가 없다. 그래서 "ai"라고 표기를 하면 누구나 "āi"로 이해한다. 하지만 내용상 ai = ā + i의 등식이 성립하는 복합 모음이기 때문에 발음은 a + i를 합친 "어이"가 될 수는 없고 ā + i인 "아이"가 되어야 한다. 만약 실제로 "어"로 발음되는 a에 i를 결합시킨다면 a + i가 되기 때문에 이것은 ai(즉 āi)가 아니라 e이다. 중세어나 현대어에 등장하는 경우처럼 ai를 "에

~"로 발음해서는 안된다. 그리고 ai = ā + i의 등식은 앞으로 싼디 규칙을 이해하는 데에 중요한 내용이다.

※01.12(01) 단순 모음과 복합 모음의 차이를 알아 보자. 우리는 "아"나 "어"를 길게 발음할 때 그 소리가 바뀌지 않도록 이어가면서 길게 늘여 발음할 수 있다. 즉 이 소리들은 서로 다른 모음들이 결합되어 만들어진 복합 모음이 아니고 단순 모음이라는 말이다. 하지만 한국어의 "여"를 길게 발음하면 뒤쪽으로 가면 "여"소리가 아닌 "어" 소리만 남는다. 따라서 한국어의 "여"는 복합 모음이다.

현대 한국어에서 "에"는 단순 모음이다. 따라서 한국인들이 "에"를 긴 모음으로 발음하는 데에는 문제가 없다. 문제라면 이해의 측면에서 있을 수 있는데, 한국어에서 "에"는 단순 모음이어서 반드시 길게 발음해야 할 이유가 없지만 쌍쓰끄리땀에서 e는 복합 모음이고 단순 모음으로 발음하더라도 길게 발음되어야만 하는 모음이기 때문이다. 다시 말해서 쌍쓰끄리땀에서는 짧은 모음 e가 존재하지 않는다.

독자들이 한국어의 "외"가 단순 모음인지 알아보기 위해 이 모음을 늘여 길게 발음하면서 실험을 해 보기 바란다. 한국어에서 "여"처럼 복합 모음이라는 사실이 아주 분명하게 드러나는 경우는 아니라는 것을 실감할 수 있을 것이다. 현대 한국어의 단순 모음이 몇 개인지의 논정에서 문제가 되는 것은 "외"와 "위"의 경우이다. 실제로 이 둘은 종종 복합 모음 [we], [wi]로 발음되기 때문에 이 둘이 복합 모음이라고 보는 사람들은 한국어의 단순 모음이 8개라고 하고, 이 둘을 단순 모음에 포함시키는 사람들은 단순 모음이 10개라고 한다. 어떤 경우이든 한국어의 "에"는 단순 모음이다.

※01.12(02) 인도유럽어의 복합 모음 12개 *ei, *oi, *ai, *eu, *ou, *au, *ēi, *ōi, *āi, *ēu, *ōu, *āu는 모두 인도이란어에서 *ai, *au, *āi, *āu가 되었다. 이 넷 중에서 *ai가 고전쌍쓰끄리땀의 e가 된 것이다. 역사적으로 단순 모음인지 복합 모음인지 불분명하고 애매한 모음으로 남아 있던 역사적인 단계가 있었다고

말할 수 있다. 한국어에서의 "외"와 "위"의 경우를 상기해 보라. 하지만 고전쌍쓰끄리땀 시기에 e는 길게 발음되던 모음이었다는 사실은 분명하며, 그 이유는 바로 이 고전쌍쓰끄리땀의 e가 역사적으로는 *ai라는 복합 모음에서 유래했기 때문이다. 이러한 까닭에 고전쌍쓰끄리땀의 문법이 정립되어 싼디 규칙이 정립되던 시기에 e는 분명하게 복합 모음으로서의 역사적 성격을 지니고 있었고, 그렇게 발음되고 있었다. 싼디 규칙이 정립되던 시기의 기준이 된 발음이 그러했기 때문에 우리는 e를 복합 모음이라고 분류하는 방식을 따르는 것이다. "싼디 규칙"이란 두 소리가 연이어서 발음될 때 앞선 소리와 뒤따르는 소리가 서로 영향을 미쳐서 발음이 바뀌게 되는 현상에 대한 규칙을 말한다. (↬✤02.01)

※01.12(03) 언어학자들은 실제로 확인되는 언어 자료들이 보여주는 형태가 아닌, 이론상의 고려에 의해 재구성되거나 혹은 확인된 자료는 없지만 추측에 의해 임의로 상정한 형태들 앞에 " * "표시를 보태어 그 형태가 현실에서 확인된 형태가 아니라는 사실을 표시한다. 표01.01에서 ḹ앞에 이 표시가 있는 이유가 이것이다. 앞으로 쌍쓰끄리땀을 배우면서 구체적인 단어의 어원을 설명하는 자료들을 볼 때에 이 관행을 자주 접하게 될 것이다. 알아둘 필요가 있다.

※01.13 o = a + u라는 등식을 이해하는 것은 어렵지 않겠지만, 의문이 드는 것은 그렇다면 누구나 쉽게 발음할 수 있는 짧은 모음 "오"는 과연 고대인도인들에게는 알려지지 않은 발음이었을까 하는 것이다. 역사적으로 실제 존재하던 짧은 모음 e와 o는 이미 원형인도이란어 단계에서 단순 모음이자 짧은 모음 a로 동화되어 사라졌다.

※01.14 드물게 "au"가 아니고 "āu"라고 표기하는 경우가 있는데, 쌍쓰끄리땀에서 "au"라고 표기하면 내용상 "āu"를 의미하기 때문에 이렇게 긴 모음 "ā"를 사용하여 표기하지는 않는 것이 관례이다.

※01.16 ka는 안울림소리이므로 성대가 진동하지 않으면서 발음되어야 한다. 각자가 발음을 하면서 성대가 울리지 않게 발음을 하고 있는지 확인하는 방법으로 권할 만한 것은 바로 목의 앞쪽으로 튀어나온 부분에 손을 대고 발음을 했을 때 진동이 손에 느껴지는지를 확인하는 방법이다. 한 손을 목의 앞쪽에 가져다 대고 한국어의 모음 "오~"를 발음해 보라. 목의 발성기관이 떨리는 것을 느낄 수 있을 것이다. ka 발음을 할 때에는 성대가 울려서는 안 된다. 따라서 처음 발음 연습을 할 때에는 한 손을 목 앞쪽에 댄 채로 성대가 울리지 않는다는 것을 확인하면서 발음 연습을 하기 바란다.

발음이 이루어지는 발성기관과 그 구조에 대해서까지 자세하게 공부를 해야 할 맥락은 아니니까 이 대목의 설명은 생략하도록 하겠다. 남자들은 사춘기가 지나면서 도렷하게 목의 앞쪽으로 튀어나오는 부분을 갖게 되는데 이 곳이 "결후" 혹은 "후골"이라고 불리는 후두융기(laryngeal prominence)이고 안쪽에는 방패연골(thyroid cartilage)이 자리 잡고 있다. 이것을 영어로는 흔히 "Adam's apple"이라고 부르는데, 이 부분에 손을 대고 성대가 진동을 하는지 확인하라는 것은 이 부분이 곧바로 성대이기 때문이 아니다. 성대는 육안으로 볼 수 있는 기관도 아니고 또 우리는 성대가 진동을 하는지의 유무만 확인을 하면 되니까 성대가 진동할 때에 자동으로 함께 떨리는 발성기관의 어느 곳이든 그것이 떨리는지를 확인하기만 하면 된다.

한국어에서는 숨이 섞여 나가면서 거칠게 나는 거센소리로 "ㅊ, ㅋ, ㅌ, ㅍ"로 표기하는 소리들이 있다. 그리고 발음을 하는 기관에 힘을 주거나 혹은 소리가 나오는 목청의 구멍을 아주 좁게 해서 나는 된소리로 "ㄲ, ㄸ, ㅃ, ㅆ, ㅉ"에 해당하는 소리가 있다.

※01.17 발음을 정확하게 하고 있는지 스스로 확인을 하기 위해 오른손을 목의 앞쪽에 댄 채로 왼손을 입의 바로 앞에 가져다 대고 한국어의 "까만 차"를 발음해 보라. "까"를 발음할 때와 "차"를 발음할 때 입에서 흘러나오는 공기의 흐름이 다르다는 것을 손으로 느낄 수 있을 것이다. "차"를 발음할 때 손바닥

에 느껴지는 공기의 흐름처럼, 하지만 훨씬 더 분명하고 강하게 바람을 느낄 수 있도록 세게 바람을 부는 느낌으로 "커" 발음을 하면 된다. 발음의 위치나 입모양 등에서는 ka를 발음할 때와 차이가 없다. 다만 바람이 분명하게 흘러나오는 것을 느낄 수 있게 발음을 해야 한다. 그렇게 하면 자연스럽게 "커"에 가까운 발음이 이루어진다. 이렇게 발음하는 연습을 반복하기 바란다. 목에 손을 대고 자신의 발음이 안울림소리인지를 확인하고 다른 한 손은 입 앞에 대고 자신의 발음이 거센소리인지를 확인하라!

입 바로 앞에 손바닥을 펴서 거센소리의 경우에 분명하게 바람이 흘러나오는 것을 손바닥으로 느낄 수 있도록 강하게 발음하기 바란다. 처음에는 그렇게 과장된 방식으로 발음 연습을 하는 것이 좋다. 시간이 지나면 자연스럽게 강도가 조절되어 갈 것이다. 거센소리가 거센소리로 구분되지 못하는 잘못된 발음을 하는 습관이 들지 않게 조심해야 한다.

※01.18 "Frankfurt"는 2음절 단어인데 "프랑크푸르트"라고 6음절로 발음하는 것은 한국어에서는 통용될 수 있을지 모르지만 독일어의 바른 발음은 아니다. "New York"을 "뉴우요르크"라고 하는 것이 바른 영어라고 주장할 사람은 없을 것이다. 이제는 누구도 "뉴요크"라고 표기를 하지 않는다. 이런 표기는 권위를 앞세워 표준어를 정하는 권한을 가졌다는 사람들이 강요하고 있을 뿐이다. 그런데 이들도 "뉴요크"의 경우에는 사정이 너무 옹색해서 예외라고 따로 처리한다. 이렇게 음절 수를 무시하는 발음을 해서는 안된다. 독자들은 지금 한국어를 배우는 것이 아니고 영어나 독일어를 배우듯 외국어로서 고전쌍쓰끄리땀을 배우고 있다. 따라서 자음의 모든 거센소리를 발음할 때 이러한 사실을 염두에 두고 연습해야 한다. 로마자 표기로 거센소리임을 나타내기 위해 kh라고 두 알파벳을 결합시켜 표기했지만 그것은 로마자 표기가 그러할 뿐이다. kh는 한 자음이다.

※01.18(01) 아주 복잡한 맥락과 고려해야 할 것들이 있지만, 필자는 의도적으로 국립국어원이 정하는 외래어표기법을 철저하게 무시하고 있다. 한국인들이 자연

스럽게 발음할 수 있고 한글로 표기할 수 있는 것들을 일부러 발음과 표기를 하지 못하는 것으로 상정해서 표기하고 발음할 필요는 없다는 것이 핵심이다. 할 수 있는 것을 할 수 없는 것으로 상정하는 이유의 핵심은 사실 일본 사람들을 흉내내는 것이 옛날부터의 관행이라는 것뿐이다. 그리고 지금 우리의 언어 현실은 이미 일본 사람들의 발음과 표기를 벗어나 있다. 또한 표기법은 발음되는 언어에 대해 부차적인 기록의 한 수단일 뿐이다. 한국어서 한국 사람들끼리의 소통에 사용되는 것이니만큼 원래 해 오던 관행대로 하야 한다고 주장을 하기도 한다. 하지만 언제부터 우리가 인도의 지명들과 인도 사람들의 이름을 한국어의 어휘 안에 받아들여 왔던가 따져보자. 2000년대 이후에야 한국인들이 본격적으로 인지하고 사용하기 시작한 수많은 어휘들을 일본식으로 발음하고 적어야 하는 이유는 무엇인지 궁금하다. 또 다른 면에서 불필요하게 한국인들에게 인지적인 과부하를 초래할 필요가 없다고 한다. "파티"라고 하면 되지 굳이 "빠리"라고 하지 말고 "p"는 모두 "ㅍ"으로 발음하는 편이 한국 사람들에게 편하다는 말이다. 영어로 전 세계의 모든 언어를 수용하고 이것에 따르자는 영어 절대주의자가 아니라면 받아들이기 어려운 논리이다. 앞으로 우리가 겪게될 다원화된 세계에서의 외국어와 외래어가 모두 영어, 그리고 기껏해야 영어와 독일어와 프랑스어로 끝난다는 발상이 아니라면 이러한 과격한 단순화가 어떻게 가능한지 묻고 싶다. 현대 인도어에서도 쌍쓰끄리땀처럼 p와 ph는 구분되고 발음이 다르다. 영어식으로 해결하자고 할 터인가, 아니면 영어식으로 어떻게 구분할 것인가? 그리고 ph 등이 등장하는 단어나 지명이 나타나면 한국인들의 인지적 과부하를 피하기 위해 모두 구분하지 말자고 주장할 것인가? 이 인지적 과부하는 현재의 외래어표기법을 포함한 표준어를 정하고 있다는 사람들에게 과부하인지 모르겠지만, 인도와 관련된 분야에서 일해야 하는 수많은 사람들에게는 p와 ph를 구분하지 못할 때 생기는 인지적 과부하가 훨씬 크다고 보인다. 한국 사람들은 "빠"와 "파"를 너무나 잘 구분하고 있기 때문이다. 모든 사람이 인도에 대한 전문가가 되어야 할 필요는 없다. 모든 사람이 영어를 잘 해야 할 필요가 없는 것과 마찬가지로 당연한 말이다. 다만 필요한 사람들이 잘 할 수 있게 해 주고, 한국인들이 필요할 때 전문가들이 누적한 정보에 한국어로 접근할 수 있게 해 주면 되는 것이다. 세상의 모든 배울 만한 가치가 있는 것들이 영어, 프랑스어, 독일어에 제한되어 있던 시대의 관점으로, 영어 방식으로 정리해서 단순화시키자는 발상 자체가 시대착오적이다. 영어로 "패리스"라고 해야 맞지 않는지는 굳이 따지지 말자. 어차피 이 사람들이 외국어를 잘 해서 이런 방식을 고집하는 사람들은 아니니까. 다만 우리의 언어 현실은 이미 달라져 있다. 수많은 인터넷 사용자들은 "Rutgers University"를 "러트거르스 대학교"라고 적지 않는다. 인도학 전문 학술지는 "발음나는 대로 적은" 표기를 받아들이는 것을 편집 원칙으로 삼고 있다. 필자가 쌍쓰끄리땀 관련 단어들을 한글로 표기하는 방식에 대해 동의하지 않을 수는 있다. 더 나은 방식을 제안하는 사람들이 있을 수도 있다. "짜장면"이 "자장면"보다 저급하며 아름답지 못한 이유가 무엇인지 궁금할 뿐이다. "산스크리트"가 "쌍쓰끄리땀"보다 나은 이유도 궁금하기는 마찬가지이다. 필자는 단지 "외래어표기법에 맞지 않는데요"라는 항의 이상의 내용을 가지고 논의가 진행되기를 바랄 뿐이다. 따라서 본 교재의 제목에서부터 외래어표기법은 무시된다. 왜 그렇게 하는 것이 낫다고 판단하는지에 대해서는 논의가 길어지게 되는지라 교재가 아닌 다른 곳에서 필자의 입장을 분명하게 밝히는 기회가 있기를 기대한다.

※01.19 성대가 떨리는지는 목의 앞쪽에 댄 손으로 그 떨림이 느껴지는지로 확인할 수 있다. ga는 입 바로 앞에 놓인 손에 터져 나오는 바람이 느껴지지 않게 발음을 해야 한다.

※01.20 gha를 발음할 때 입 앞에 댄 손에서 터져 나오는 공기의 흐름을 느낄 수 있게 공기를 뿜어내는 느낌으로 발음을 해야 한다. gh를 발음할 때에는 목의 앞쪽에 손을 대고 울림소리인지, 입 앞에 손을 대고 거센소리인지를 정확하게 확인하면서 발음 연습을 하도록 하라. 이 소리는 k, kh, g에 비해 한국

인 학습자들에게 조금 더 많은 연습이 필요한 소리다.

※01.21 쌍쓰끄리땀의 "sparśa"라는 단어는 "접촉, 만지기"를 뜻한다. 즉 발성기관이 접촉해서 공기의 흐름을 막는 것을 의미한다. 영어의 "stop"도 같은 맥락에서 이해될 수 있는 표현이다.

k, kh, g, gh는 모두 같은 위치에서 발성된다. 하지만 발성의 방식이 다르다. 우선 k와 kh는 성대가 울리지 않는 안울림소리이다. 그런데 그 중에서도 k는 바람이 세게 흐르지 않는 소리, 즉 안거센소리이고 kh는 터지는 바람이 세게 흐르는 거센소리(aspirate)이다. 성대가 울리는 울림소리인 g와 gh도 안거센소리와 거센소리의 차이를 가지고 구분된다. 이렇게 k와 kh 그리고 g와 gh를 구분하는 차이가 되는 공기의 흐름을 "거셈"(aspiration)이라고 부른다.

※01.28 이러한 혀말은소리를 지칭하는 영어 이름이 "retroflex consonant"이거나 "cerebral consonant"이다. 첫째 용어는 라틴어의 retro-(뒤로, 뒤의)와 flectere (굽히다)의 과거분사가 합쳐진 "retroflexus"에서 나온 말이다. 즉 혀를 뒤쪽으로 굽힌다는 뜻이다. "cerebral"이라는 용어가 드물지만 가끔 쓰이기도 하는데 이는 라틴어의 뇌를 뜻하는 "cerebrum"에서 나온 말이다. 하지만 보다 명확하게 그 의미를 이해할 수 있는 방식은 원형인도유럽어(Proto-Indo-European)에서 "머리의 가장 높은 꼭대기 부분"을 뜻하는 *ker-에서 나온 말이라는 점을 고려하는 것이다. 머리에서 가장 높은 부분, 즉 정수리나 숨구멍을 의미한다고 생각하면, 이 용어의 의미는 혀끝이 정수리를 향하도록 만들어서 내는 소리라는 뜻이 된다.

※01.28(01) 혀말은소리를 연습하는 것은 한국인들에게는 많은 시간이 걸리는 일이다. 모든 배우는 과정이 그러하듯 반복과 참을성이 필요한 대목이다. 혀말은소리야 말로 인도 고전어와 현대 인도어들을 배우는 데에서 가장 재미있는 대목이라고 생각하고 연습을 해 보기 바란다. 당장 인도 여행을 계획하고 있는 사람들에게도 혀말은소리야 말로 배은 값을 톡톡하게 돌려주는 소리들

이기 때문이다. 혀말은소리는 언어사적으로 인도아리안어의 특징적인 소리이기도 하지만 현대 인도인들의 발음을 이해하는 데에서도 중요한 소리이다. 인도에서는 부유층이 다니는 영어로 수업을 하는 학교(English medium school)가 아닌 경우에는 학생들이 현대 인도어로 수업을 하면서 영어를 교과목으로 배우게 된다. 그래서 한국인들이 흔히 "콩글리쉬"라고 하는 발음 습관을 갖게 되듯이 인도 사람들은 인도 사람들 특유의 영어 발음 습관을 갖게 된다. 그것을 이해하는 중요한 부분이 바로 혀말은소리이다. 우리가 영어의 table이라는 단어를 듣는다면 우리는 아마도 "테이블"이라고 표기를 할 것이다. 하지만 영어의 t와 쌍쓰끄리땀의 t는 결코 같은 소리가 아니다. 앞서 배운 것처럼 쌍쓰끄리땀의 t는 된소리이기 때문에 쌍쓰끄리땀의 ta는 "타"가 아니고 "떠"에 가깝다. 그리고 이 사정은 현대 북인도어에서도 마찬가지이다. 따라서 인도 사람들은 영어 발음 t는 이빨소리인 t와는 멀게 느껴지고 차라리 ṭ에 가깝다고 느낀다. 이런 사정 때문에 인도 사람들이 인도식 영어를 할 때 table의 t를 혀말은소리로 발음하는 일이 흔하다. 한 번쯤 영어의 tea에서 t를 ṭ로 발음해 보라. 특히 이 단어가 영어가 아니라 현대 인도어에서 사용되는 영어 유래 외래어로 간주된다면, 일상생활에서 그렇게 사용되는 것은 자연스럽다. 그래서 인도 여행길에 오른다면, 유창한 영어를 구사하는 사람들이 아닌 택시나 릭샤 운전수들에게 목적지인 호텔까지 가는 요금을 흥정할 때에 혀말은소리를 사용해 볼 만하다. 영어의 "hotel"이라는 단어를 영어식 발음으로 둘째 음절에 강세를 주어 발음하기보다는 ho-ṭal("호오털"에 가깝게, 하지만 ṭ는 혀말은소리로!)이라고 발음을 하는 것을 한 번 시도해 보기 바란다. 물론 이 말이 잘 통하는 것은 이 단어가 현대 힌디어 등에서 외래어로 사용되기 때문인데, 듣는 사람의 반응이 달라지는 것을 쉽게 느낄 수 있을 것이다. 혀말은소리에 익숙해지면 인도식 영어를 알아듣기도 쉬워진다.

※01.40 쌍쓰끄리땀과 같은 자연언어는 입으로 발음되는 언어가 일차적이라는 너

무나 시시한 언어학적 상식을 강조하는 이유는 바로 이러한 상식에서도 먼 주장을 반복하는 사람들을 자주 보게 되기 때문이다. 아마도 문자언어인 漢文을 고전어의 표준 형태라고 생각하는 사람들이 한국에는 많기 때문인 것 같다.

그리고 이렇게 발음 연습을 강조하는 것은 바로 인도학자로서 직업적인 학자가 되겠다는 의도나, 아니면 특별한 맥락에 제한된 개인적인 관심으로 쌍쓰끄리땀을 배우거나 간에 인도 고전은 물론이고 현대 인도어를 학습할 수 이는 확장 가능성을 갖춘 공부를 가능하게 하기 위해서이다. 많은 한국의 불교도들이 관심을 갖는 빠알리(Pāli)를 배우고 익히려면 쌍쓰끄리땀을 학습해야 하는 것이 논리적으로 우선이다. 그리고 쌍쓰끄리땀의 발음을 할 줄 알아야 왜 빠알리에서 쌍쓰끄리땀의 단어들이 특정한 방식으로 변형되어 가는지를 쉽게 파악할 수 있다. 그리고 현대인도학에 관심이 있는 사람이라면 현대 인도어들 중의 한둘을 배우게 될 것인데, 이를 위한 정확하고도 좋은 준비가 쌍쓰끄리땀을 배우는 과정에서 이루어질 수 있다. 잘못 익힌 습관을 교정하는 것은 없던 습관을 새로 만드는 것에 비해 아주 많은 노력과 시간을 요구한다. 따라서 정확한 발음을 지금 배우고 익히도록 노력해야 한다. 이제 쌍쓰끄리땀 발음을 정확하게 익혀야 하는 이유를 몇 가지로 적어 보겠다.

(1) 정확한 발음을 하지 않으면 여러 소리들이 연속되어 발음될 때 이 소리들이 서로 영향을 미쳐서 발음이 달라지는지 현상을 이해하기 어렵게 된다. 스스로 발음을 해 보며 이해하고 익히는 것이 싼디를 배우는 가장 합리적인 길이 되는데, 발음이 정확하지 못하다면 이것이 어려워진다.

(2) 쌍쓰끄리땀이 죽은 언어라는 선입견에 매몰되지 말아야 한다. "죽은 언어"라는 판단 자체가 단순하게 가능한 것이 아니며 이것을 어떻게 정의하던 간에 쌍쓰끄리땀을 "죽은 언어"라고 하기에는 어려움이 있다. 라디오 방송이 있고 사람들이 논문을 써서 발표하고 학술대회에서 토론을 하는 것은 물론, 그 수가 많지는 않고 제한된 맥락이 있기는 하지만 일상생활에서도 사

용하는 경우들이 있는 이 언어가 과연 죽은 언어인지 단언하기 쉽지 않다.

(3) 모든 언어는 발성기관으로 발성되는 소리를 일차적인 형태로 한다. 자연언어에 대한 언어학의 상식을 무시한 채 글로 기록된 형태만을 의식하는 경우들이 있는데, 글은 자연언어를 기록하는 여러 형태 중의 하나이다. 쌍쓰끄리땀의 기록이 발음된 대로를 기록하는 방식이어서 이 기록을 실제 발음으로 바꾸어 내는 일이 어렵지 않은 상황인 것은 사실이다. 그러나 개별 학습자들이 기록을 발성으로 바꾸는 능력을 얻는 것은 개인의 몫이고 연습의 문제이다. 또한 그 어떤 문자 기록도 발음을 완벽하게 반영하지 못하기 때문에 발음을 재현하는 능력은 고전학자로서 구체적인 기록이 숨기고 있는 발음의 현실을 추적하고 이해할 수 있는 능력의 토대가 된다.

(4) 쌍쓰끄리땀 자체의 수많은 역사적인 변화, 특히나 음운변화 그리고 역사적인 변형을 이해하는 데에 좋은 발음을 익히는 일이 기초가 된다.

(5) 시와 운문의 운율을 이해하기 위한 기초적인 언어 능력이 얻어진다. 쌍쓰끄리땀 문학작품이 갖는 아름다움의 중요한 측면을 이해하고 소화하는 데에, 또 주어진 텍스트가 가진 운문으로서의 성격이나 형식을 파악하거나 운문으로서의 문학적 아름다움을 평가하는 능력을 갖는 데 필요하다. 그리고 이렇게 운문으로서의 성격을 살려서 텍스트를 이해하는 것은 문학작품을 작품답게 파악하는 것뿐 아니라 베다 텍스트들과 같은 운율이 강조되는 텍스트를 이해하는 일에서도 중요하다.

(6) 쌍쓰끄리땀에서 출발해서 역사적으로 후대에 나타난 중세 인도어—불교 전승이 전해지고 있는 빠알리나 자이나 전승을 담고 있는 아빠브랑샤(Apabhraṃśa) 등—는 물론이고 인도아리안어에 속하는 현대 언어들—힌디, 우루두, 벵갈리, 마라티 등등—을 학습하는 일에서 정확한 발음을 익히는 것은 중요한 출발점이 된다. 그리고 많은 쌍쓰끄리땀 문학작품들은 중세어나 중세어적인 요소가 섞여 있는 언어를 구사한다.

(7) 인도 고전학자가 피해가기 어려운 다양한 형태의 문자 기록들, 예로 비석에 새겨진 문장이나 구리판에 새겨진 기록, 도자기나 예술작품에 추가

된 문자 기록 등등의 다양한 기록들을 해독하는 능력을 얻는 데에서 기초적인 언어능력으로서의 의미가 있다.

※01.41 표01.02에 제시된 자음의 체계표가 각 발성 위치에 따라 다섯 무리로 구분되어 있다고 말을 하면 엄밀한 의미에서는 틀린 말이다. 왜냐하면 혀말은 소리는 실제로는 발성의 위치가 아니라 발성의 방식에 따른 구분이라고 해야 하기 때문이다. 하지만 이 문제가 쌍쓰끄리땀을 배우는 초보자들에게 논란거리가 되지는 않을 것이다.

발성 방식의 구분과 체계적인 분석을 통해 표01.02에 제시된 것과 같은 자음체계의 성립이 이루어진 것은 이미 베다시기였다. 베다시기 각 전승 전통들이 발전시켜 온 언어분석의 전통은 이미 늦어도 기원전 400년 경에는 표01.02와 같은 체계적인 음운분류와 나열을 해내고 있었다. 이 나열의 순서가 중요해지는 것은 이것이 단지 논리적인 순서일 뿐 아니라 앞으로 우리가 사전이나 자료에서 쌍쓰끄리땀 단어들을 나열할 때 사용할 순서이기도 하기 때문이다. 영어의 알파벳은 어떤 논리적인 근거를 가진 순서인지 고민을 하고 비교해 보라. 학습자들이 발음을 연습하면서 정확하게 익히기만 하면 자동으로 쌍쓰끄리땀의 음운나열 순서를 익히게 되는 상황은 당연한 것은 아니다.

※01.42 발음을 할 때 현대 북인도어의 일부에 익숙한 사람들은 va의 발음을 거의 모음에 가깝게 약화시켜 발음을 해서 "워" 즉 영어의 wa에 해당하는 발음을 하는 경우가 있다. 틀린 발음이라고 할 수는 없지만, 권할 만한 발음은 아니다. 얼마나 모음에 가까운 약한 발음을 하는지에 대해서는 편차가 있을 수 있지만, 아예 "워"로 발음을 하는 방식은 권하지 않는다. va와 ba를 구분하지 않는 한국 사람들처럼 인도에도 이 두 소리를 구분하지 않는 현대 북인도어가 있다. 2억 5천만 명의 제일 언어로서의 화자를 지닌 벵갈어(Bāṅlā, Bengali)에서는 va와 ba를 구분하지 않는다. 한국 사람들에게 영어에서의 va와 ba가 가깝게 들리고 wa와는 다르게 들리듯이, 쌍쓰끄리땀의 va는 반

모음으로 발음되어야 할 필요가 있다. 물론 쌍쓰끄리땀의 역사 안에서도 발음이 약화되는 정도는 지역적으로 또 시대적으로 다양한 편차가 있었다. 초보 학습자로서 va는 영어의 va 발음에 상응하게 연습을 하는 편이 좋다.

※01.53 아누쓰바라가 앞서 있는 모음을 비음으로 바꾸는 역할을 하는 소리인지 아니면 실제로 구분되는 나름대로의 음가를 지닌 소리인지에 대해서는 이미 고대의 인도 문법전통에서부터 논란이 많았다.

※01.55 물론 엄밀하게 따지자면 자음들을 다섯 무리(varga)로 구분하는 같은무리(savarṇa) 구분에서 모음을 배제할 이유는 없다. 갈이소리(sibilant) ś와 마찬가지로 모음 i도 ca-varga에 속한다. 이것은 이미 고대 문법가들도 인지하고 있었다. 하지만 자음과 모음을 섞어서 다루면 얻을 실익보다 손해가 크다는 것은 납득할 만하다.

※01.57 로마자에 영어로 "diacritics" 혹은 "diacritical marks"라고 부르는 추가적인 표시를 보태어 철자의 수를 늘려야 할 필요가 있다. 그래야 쌍쓰끄리땀 음운을 표시하는 데에 충분한 수의 철자를 사용할 수 있기 때문이다.

※01.58 물론 발음을 있는 그대로 완전하게 반영하는 표기를 한다는 것은 불가능하다. 그리고 또 실제로 역사적인 음운의 변화 때문에 고정된 표기법과의 편차가 생겨나거나, 특정한 표기법이 음운을 제대로 표기하지 못한 경우들은 인도 역사에서도 많다. 하지만 표기법 자체가 온전한 체계를 갖추지 못했던 역사적인 단계에서의 기록들—대표적으로 아쇼까(Aśoka)왕의 비석문들—이나 혹은 고전쌍쓰끄리땀의 영역에서 다룰 만한 내용을 벗어나는 중세 인도어 혹은 지역 언어들의 실제 발음에 대해서는 우리가 자세하게 다룰 필요가 없다. 큰 틀에서 볼 때 발음 그대로 표기하고 표기 그대로 읽는 원칙은 쌍쓰끄리땀에서 아주 강하게 관철된 원칙이다. 영어의 경우만 보더라도 표기와 발음의 격차가 크다. 독일어를 본다면 표기한 대로 발음하는 원칙이 영어보다 훨씬 강하게 적용된다고 할 수 있다.

※01.60 실제로 쌍쓰끄리땀 교육을 받아본 적도 없는 인도 사람들의 발음을 듣고서 '이것이 인도에서 하는 진짜 쌍쓰끄리땀 발음'이라는 황당한 주장을 하는 사람들이 있다. 쌍쓰끄리땀과 현대 인도어도 구분하지 못하는 사람들이 떠드는 것에 대해서 시간을 낭비할 필요는 없다. 인도 현지에서도 인도 전통지식인들을 만나면 드물지 않게 자기가 하는 발음이야 말로 제대로 된 쌍쓰끄리땀의 발음이며 다른 사람들, 특히 다른 지역의 사람들이 하는 발음은 아주 엉터리 쌍쓰끄리땀 발음이라고 주장하는 사람들을 종종 만날 수 있다. 자기의 발음이 올바른 쌍쓰끄리땀 발음이라고 주장하는 사람이, 드물지만, 실제로 쌍쓰끄리땀을 전통적인 방식으로 교육받은 전통지식인이라면, 그 경우에는 자기가 배우고 전수받은 전통에 대한 자부심과 믿음에서 나오는 것이라고 보아 넘기면 된다. 객관적인 의미에서의 '올바른 쌍쓰끄리땀 발음'이 있다거나 혹은 실제로 구현 가능하기 때문에 생겨난 주장이라고 보아서는 안 된다. 현대 인도인들도 발음이 불가능하기 때문에 대체 발음을 해야 하는 비싸르가의 예를 우리는 배웠다.

이미 고전쌍쓰끄리땀이 쓰이던 시대에도 그리고 그 이전에도 쌍쓰끄리땀에는 수많은 방언들이 존재하였고 이 방언들의 상호작용의 결과가 쌍쓰끄리땀의 역사를 만들어 왔다고 할 수 있다. 현재의 중앙집권화된 국가체계에서 대중매체를 동원해서 관철되는, 우리가 생각하는 것과 같은 '표준어'란 있을 수 없는 것이었다. 다만 고전쌍쓰끄리땀을 규정한 빠니니만 하더라도, 자신이 생각하기에 보다 바람직한 형태와 발음을 지닌 특정한 맥락의 쌍쓰끄리땀을 선호했다. 대부분은 제사 의식의 수행과 연관된 전문화된 논의에서 보이던 사제 계급(brāhmaṇa)을 중심으로 한 집단이 사용하던 언어가 선호되었다. 빠니니가 활동하던 당시에도 발음에 편차가 있었던 것은 당연하다. 따라서 절대적으로 올바른 쌍쓰끄리땀의 발음에 대한 신화적인 믿음이나 집착은 버려야 하겠지만, 고전쌍쓰끄리땀의 음운체계에 부합한다는 의미에서 보다 나은 발음을 구현하는 개인적인 편차가 있는 것은 사실이다. 전통 방식으로 잘 교육받은 인도 전통지식인은 인도에서도 날로 찾기 어려워지는 것이 현실인데, 이 사람들 중에서 우리가 배운 쌍쓰끄리땀의 음운체계에 맞게 또렷하고 분명하게 구분지어 알아들을 수 있는 발음을 유창하게 하는 예들은 있다. 하지만 실제로 사회적으로 인정받는 전통지식인들이 몇 달 동안 인도에서 관광하듯 돌아다니는 외국인들을 만날 리도 없겠지만, 외국인들에게 자기의 발음이 훌륭한 쌍쓰끄리땀 발음이라고 떠들고 있을 맥락이 없다. 그리고 쌍쓰끄리땀을 전승해 온 사제 계급에 속하는 사람들에게 어느 집단에 속하는지에 대한 판정마저 불가능한 외국인(mleccha)은 전통적으로 그리고 원칙적으로 오랑캐이고 야만인이며 기피 대상이다. 식민 통치의 긴 시간을 거쳐 많은 것이 바뀌었고, 현대의 상황이 또 다른 변화를 가져오고 있지만 이러한 근본적인 관념은 뿌리 깊은 것이다. 따라서 관광객으로 나타난 사람들이 정말 훌륭한 교육을 받은 전통지식인을 만나게 될 확률은 아주 낮다. 따라서 인도를 여행한 관광객의 입장에서 제시하는 많은 주장들은 걸러서 들을 필요가 있다.

쌍쓰끄리땀이라는 언어의 사회적 맥락과 역할 때문에 쌍쓰끄리땀은 여러 지역에서 나름의 살아 있는 전통들을 구축해 왔다. 그리고 이 살아 있는 전통들은 시대적으로 그 모습이 변화해 왔는데, 발음의 측면에서도 그렇다. 따라서 한 지역의 구체적인 전통 안에서는 자신의 발음이 자기가 배워 온 살아 있는 쌍쓰끄리땀 전통을 잇는 정확한 고전쌍쓰끄리땀의 발음이라고 주장할 수도 있다. 이것은 역사언어학적인 주장과는 맥락이 다르다. 고전쌍쓰끄리땀의 발음이 고대에 어떠했는지는 이미 정확하게 파악되어 있다. 여러 전통들을 근거로 해서 추정하는 정도의 판단이 아니고 표01.02에서 보았듯이 체계적이고 이론적인 방식으로 확정되어 서술된 내용들이 있다. 자신의 발음(만)이 옳다는 주장은 종교적이거나 정치적인 우월성의 주장일 뿐이다. 그렇다고 누구나 자신에게 편한 발음을 임의로 택하면 된다는 뜻은 아니다. 앞서 설명했듯이 쌍쓰끄리땀을 배우는 과정에서 따라하지 말아야 할 현대 인도아리안어 발음 방식들이 있고 또 다른 주의할 점들이 있다.

※01.61 우리가 영어에서 알고 있는 강세, 즉 특정한 음절을 강하게 발음하는 방식으로 강세가 발성되는 것이 아니고 베다시기 쌍쓰끄리땀에서는 음절을 발성하는 소리의 높낮이를 바꾸어서 강세를 표현한다. 굳이 유사한 예를 들자면 경상도 방언에서 말하는 "가가 가가가?" (그 사람이 "가"씨이냐?)라는 문장을 들 수 있겠다.

제2과
संस्कृतवाक्योपक्रिया

※02.01 동화현상은 앞의 것에 따라서 뒤의 것이 변하는 방향(순행동화)으로 일어나기도 하고 반대로 뒤의 것에 따라 앞의 것이 변하는 방식(역행동화)로 일어나기도 하며 또 둘이 동시에 변화하기도(상호동화)한다.

※02.02 "싼디"라는 말은 san-dhi [m.] "결합, 조합"을 의미하는 말인데 연이은 발음이 변하는 현상 자체를 가리키는 말로 쓰인다. 싼디에 의해 일어나는 발음의 변형을 규정하는 규칙은 굳이 이름을 붙이자면 "싼디 규칙"이라고 불러야 할 것이지만 크게 구분하지 않고 이 용어를 사용하는 경우들도 있다.

※02.04 내부싼디의 규칙들이란 실제로는 한 단어를 만들어 가는 과정과 연관되는 규칙들이어서 언어학에서 "형태론"(morphology)이라 불리는 분야의 연구 내용과 연관된다. 한 단어 혹은 어구를 구성하기 위해 결합되는, 의미를 갖는 최소 단위들을 "형태소"(morpheme)라고 부른다. 이 형태소에 대한 연구를 하는 분야가 형태론이라고 생각하면 되겠다. 그런데 내부싼디의 규칙들이란 각 단어를 만들어 가는 과정에서 적용되는 수많은 규칙들을 말하는데, 이것을 익히는 것이 단어를 익히는 것보다 더 번잡스러운 경우가 많다. 그리고 내용 또한 복잡하거나 논란이 되는 경우도 많다. 지금 우리는 언어학적 관심에서 쌍쓰끄리땀을 분석하고 다루고 있는 것이 아니어서 전문가적으로 단어의 도출 과정을 문제삼지 않는 한 내부싼디가 쌍쓰끄리땀을 처음 배우는 사람들에게 문제가 될 만한 맥락은 거의 없다. 따라서 배워 두면 도움이 될 만한 특별한 내부싼디 규칙 두 가지를 제외하고는 외부싼디에 집중해서 싼디 규칙을 배울 것이다. 이론적인 면에서 외부싼디 규칙들이 싼디 현상에 적용되는 일반 규칙이며 내부싼디 규칙들은 그것들에 대한 특별한 예외 조항들이라고 생각하면 된다. 따라서 내부싼디 규칙들이 적용되어야 하는 경우라면 내부싼디 규칙이 외부싼디 규칙에 앞서서 우선 적용되지만, 그러한 경우를 우리가 이 교재 안에서 따지는 일은 거의 없을 것이다. 왜냐하면 우리는 쌍쓰끄리땀의 단어가 만들어져 가는 단계에 대한 형태론을 공부하는 것이 아니기 때문이다. 극히 일부 동사의 활용과 관련한 맥락에서 일부

언급되기는 하겠지만, 이것도 특수한 경우에 한정된 규칙으로 배우게 될 것이다. 또한 쌍쓰끄리땀의 역사적 발전을 고려한 형태론의 맥락에서 필요한 규칙들을 익히자고 한다면, 현실적으로는 학습하는 단어의 수만큼이나 다양하고 많은 법칙과 예외 규칙을 배우고 설명해야 하기 때문에 언어 학습자들에게는 실질적인 이득이 없다. 단어 100개를 배우기 위해 100개의 규칙을 추가로 배우기보다는 단어 100개를 익히는 편이 언어학자가 아닌 우리들에게는 보다 현실적인 전략이 된다. 결국 우리는 단 두 예외(☞✣05.08)를 제외하고는 외부싼디 규칙들만을 배우게 될 것이다. 외부싼디 규칙들은 많은 경우 발음을 쉽게 하기 위한 역행동화의 경우들이다.

※02.06 "브릳디"라는 말의 의미는 "발전되었다, 성장하였다"이므로 이 맥락에서 이해하기에 어려움이 없다. "구나"라는 말이 왜 모음의 강화형을 의미하는지에 대해서는 아직도 납득할 만한 설명이 주어진 적이 없다. 원모음을 강화시킨 것이 구나이고 구나를 더욱 강화시킨 것이 브릳디라고 이해하면 된다. 인도 전통문법에서는 한 번 강화된 형태가 구나이고 그것이 다시 강화된 형태가 브릳디라고 생각하기 때문에 원래의 형태, 즉 강화되기 전의 형태에 대해서는 따로 이름을 붙이지 않는다.

표02.01의 내용을 이해하기 위해 이렇게 생각해 보자. a-모음 뒤에 다시 모음 a가 나타난다면 a가 겹치게 되니까 a를 길게 발음해서 ā로 발음하면 될 것이다. 이 설명을 따를 때 a를 "어"로 발음하고 ā는 "아~"로 발음하는 경우에는 문제가 생긴다. 학습자들이 a를 "어"로 발음하더라도 역사적으로 a는 원래 "아"이고 ā의 짧은 모음이었다는 것을 환기해야 한다. 이 사정 때문에 모든 a를 "아"라고 읽는 경우에도 그것이 틀렸다고 말하기 어려운 것이다. 다시 단순화 시키자면 a + a = ā의 등식이 성립된다.

따라서 원래 모음 a가 강화되면 a를 하나 더 첨가하기 때문에 a + a가 되고 그 결과가 ā가 된다고 생각하면 된다. 그래서 a의 구나형은 ā이다. 그런데 구나형 ā를 다시 강화시키면 a + ā가 될 것인데 이것은 어차피 긴 모음 ā

로 남는다고 생각을 하면 결국 a의 브릳디형은 ā가 된다.

i를 강화시키자면 a + i가 될 것인데, 앞서 (☞✤01.11) a + i = e의 등식을 배웠다. 따라서 i가 강화된 구나형은 e가 된다. e를 다시 강화시키자면 a + e → a + a + i = ā + i = ai가 될 것이다. ā + i = ai라는 등식은 이미 배웠다(☞✤01.12). 그래서 i의 브릳디형은 ai가 된다. 표기는 ai라고 하지만 모든 ai는 사실 āi(☞✤01.12)이다.

u를 강화시키자면 a + u = o 등식에 따라 강화형이 나타날 것이다(☞✤01.14). 따라서 u의 구나형은 o이다. o가 다시 강화된다면 a + o → a + a + u = ā + u = au가 될 것이다. 따라서 u의 브릳디형은 au이다.

모음 ṛ는 a + ṛ일 경우 ar가 되어 자음 r로 변한다. 따라서 모음 ṛ의 구나형은 ar이다. ar가 다시 강화되면 a + ar → a + a + r → ār를 근거로 ār가 된다. 따라서 ṛ의 브릳디형은 ār이다.

※02.08 수학에서의 0이 그 자체로는 크기를 갖지는 않지만 구체적으로 연산을 수행하는 데에서 중요한 역할을 하는 것처럼 ø는 아무 소리도 없는 빈자리를 나타내지만 이것을 통해 많은 현상들이 설명되고 이해될 수 있다. 또 인도 전통문법에서는 어떤 소리의 요소가 소멸한다고 설명하지 않고 ø으로 대체된다고 설명하는 방식을 택한다. 따라서 그 이론 체계 안에서는 ø이 차지하는 비중은 상당하다.

대부분의 쌍쓰끄리땀 교재들은 표02.01의 체계에 따라 모음강화 현상을 설명한다. 그러다 보니 학습자들이 그 구체적인 내용을 이해하지 못하는 일이 허다하다. 그리고 구체적으로 표02.02의 체계에 따라 설명해야만 하는 경우들에 닥쳐서는 설명이 곤란해 진다. 인도 문법전통이 염두에 두고 있는 표02.01의 체계는 dhṛta(과거분사)-dharati(현재형)-dadhāra(완료형)의 모음 층위를 염두에 두고 마련된 것이라고 할 수 있다. bhṛta-bharati-babhāra의 경우에도 마찬가지라고 할 수 있다. 이 체계가 갖는 문법서술의 효율성이 있기 때문에 이 체계를 이론적인 면에서 틀렸다고 주장하면서 아예 무시할 수 있는 내용은 아니다. 물론 rājøñā(단수 도구격)-rājam(단수 대상격)-rājā(단수 임자격)의 경우를 고려한다면 당연히 표02.02의 체계를 따라야 할 것이다. 그래서 인도 문법전통에서는 이러한 경우에 대비해서 땜질(ad hoc) 설명을 만들어서 대응을 한다. 바로 이 땜질 설명이 모음의 약형을 설명해 내는 쌈쁘라싸라나(samprasāraṇa)이다. 이것은 나중에 (☞13.01) 배우게 될 것이다. 쌍쓰끄리땀 문법책으로는 드물게 Killingley의 교재[1]와 Bucknell의 참고서[2]가 철저하게 표02.02의 체계를 채택해서 정확한 역사언어학적인 설명을 따르고자 하는 경우이다. 그런데 이렇게 하다 보면 긴 세월 누적되어 온 인도 문법전통이 가진 설명의 장점들을 살릴 수가 없거나 지금까지 누적되어 온 참고 자료의 활용성을 높일 수가 없다. 그래서 이 점을 보완하고자 다시 추가적인 설명들이 동원되어야 하는 상황이 벌어진다. 이런 사례들이 Bucknell의 교재에서 드러나는데, 일관된 체계이기는 하나 기존의 문법체계에 따르는 자료 활용의 효율성을 포기해야 하는 것은 교재로서는 문제가 된다. 학습자에게 기존의 자료들을 활용하기 편하게 교육해야 한다는 측면도 무시할 수 없다. 예를 들자면, 모음층위를 설명하는 방식이 다르면, 출발점이 되는 모음의 기본형을 어떻게 상정할지에서도 입장이 나뉘게 될 것이다. 그래서 당장 나타나는 차이가 바로 동사말뿌리를 상정할 대 √dhṛ와 √bhṛ라고 할 것인지 아니면 √dhar와 √bhar라고 할 것인지의 결정이다.[3] 즉 모음층위를 어떻게 설명하는지의 문제는 쌍쓰끄리땀 문법을 서

---

1 Dermot Killingley, *Beginning Sanskrit: A practical course based on graded reading and exercises, Revised by Dermot Killingley and Siew-Yue Killingley*, revised second edition, 3 vols. Newcastle upon Tyne: Grevatt and Grevatt, 2004.

2 Roderick S. Bucknell, *Sanskrit Manual: A Quick-Reference Guide to the Phonology and Grammar of Classical Sanskrit*, Delhi: Motilal Banarsidass, 1994.

3 Otto Böhtlingk und R. Roth, *Sanskrit-Wörterbuch*, 7 Bde., St. Petersburg: Kaiserliche Akademie der Wissenschaften, 1855-1875 [reprint, Delhi: Motilal Banarsidass 1990]은 √dhar와 √bhar를 제시하고 있지만 Monier Monier-Williams, *A Sanskrit –English Dictionary Etymologically and Philologically Arranged with Special Reference to Cognate Indo-*

술하는 틀(paradigm)을 결정하는 문제와 연관되어 있다. 따라서 필자는 이론적으로는 표02.02의 체계에 따라 설명하고, 구체적으로 "구나"와 "브릳디"라는 용어를 사용할 때에는 표02.01의 체계를 따르는 나름의 타협책을 만들어 서술해 나갈 것이다. 그리고 "구나"와 "브릳디"는 쌍쓰끄리땀 문법에서 반드시 알아 두어야 하는 용어이며 앞으로 자주 사용될 것이다.

※02.11 "-a/ā + a/ā-"로 표시한 것의 의미는 어떤 말이 -a 혹은 -ā로 끝나는 경우인데 뒤따르는 말이 a- 혹은 ā-로 시작되는 경우를 말한다. -a + a-; -a + ā-; -ā + a-; -ā + ā- 의 경우 모두가 해당된다는 뜻이다.

※02.14 모음 i와 반모음 y; 모음 ṛ와 반모음 r; 모음 u와 반모음 v는 짝을 이룬다. 표01.03에서 볼 수 있는 바와 같이 각각의 반모음이 속하는 발음의 위치가 있는데, 이 위치가 각각 짝이 되는 모음이 발음되는 위치와 일치한다. 이렇게 짝이 되는 모음과 반모음의 관계는 분명하게 기억해 두어야 하는데, 발음 자체를 생각해 보면 억지로 외워야 할 내용은 아니다. 이론상으로는 모음 ḷ은 반모음 l과 짝을 이룬다. 그런데 ḷ이 쓰이는 경우가 거의 없으니 의미가 없는 것과 마찬가지이다.

※02.15 이 싼디를 전통문법에서 abhinihita-sandhi라고 흔히 부르는데, 앞선 -e, -o 모음이 뒤따르는 a-모음에 '근접했다'는 뜻으로 이해된다.

※02.16 a가 아닌 모음이 뒤따라 올 때 앞선 말의 마지막 모음 -e 혹은 -o가 -a로 바뀌는 현상은 다시 e = a + i와 o = a + u의 등식을 근거로 이해할 수 있다. 앞선 -e와 -o가 우선 -a + i와 -a + u로 바뀐 이후에 뒤에 나타나는 모음 때문에 -a + i가 -a + y로, -a + u가 -a + v로 바뀌고 그다음에 모음 사이에 끼

European Languages, New Edition Greatly Enlarged and Improved with the Collaboration of E. Leumann and C. Cappeller. Oxford: Clarendon Press, 1899 [reprint, 1979]와 Vaman Shivaram Apte. *The Practical Sanskrit-English Dictionary*. Poona: Shiralkar, 1890는 √dhṛ와 √bhṛ를 제시하고 있다.

이게 된 -y-와 -v-가 탈락된 결과라고 이해하면 되겠다.

※02.17 실재로 인도 필사본들에서는 드물지 않게 이중싼디의 오류가 발견된다. 필사자가 정확하게 해당 구절을 이해하지 못했을 수도 있고 별생각 없이 기계적으로 싼디를 적용시킨 결과일 수도 있다.

※02.18 ai = ā + i 등식을 근거로 이 경우에는 ā + i에서의 i가 뒤따라오는 모음 앞에서 y가 되어 ā + y가 되었다가 양 모음 사이에 있던 -y-가 탈락된 결과라고 이해하면 되겠다. 후대의 문법 이론가들은 āy로 싼디가 이루어져서 tasmāyindraḥ처럼 되는 것도 가능하다고 간주하기도 하는데, 실제로 그렇게 싼디가 이루어졌는지는 의심스럽다.

※02.19 au = ā + u 등식을 근거로 이 경우에는 ā + u에서의 u가 뒤따라 오는 모음 앞에서 v가 된 것이라고 이해하면 되겠다.

하지만 이 규정과는 다르게 v가 탈락되면서 -ā로 싼디가 이루어져서 tā api처럼 되는 경우도 실제로 관찰되기는 하지만 이러한 경우는 드물다.

※02.20 양수가 무엇인지는 앞으로 배우게 될 것이다. 명사에서의 양수는 가리키는 대상의 수가 둘이라는 것을 표시하는 형태이고 동사에서의 양수는 그 동작이나 상태를 구현하는 주체가 둘이라는 것을 표시하는 형태이다. 양수의 경우에는 싼디를 하게 되면 양수를 나타낸다는 사실 자체를 명확하게 인식하는 것이 어려워지게 될 수 있기 때문에 양수 뒷토는 싼디시키지는 않는다. 실제로 나타나는 경우가 많지는 않아서, 지금 배우는 입장에서는 이러한 규정이 있다는 것만 알아두면 된다. 양수 뒷트의 형태들은 차차 배우게 될 것이다.

※02.21 adas는 영어의 that에 해당하는 말로 "저것"이라고 번역될 만한 대명사이다. 이 대명사의 남성형 임자격 복수가 바로 amī가 되는데(☞✤08.28, 표 08.04) 이 형태는 싼디의 대상이 아니다.

※02.22 감탄사로 사용하는 단어들은 그 소리 자체를 내뱉는 일이 그 단어의 핵심

적인 요소이다. 따라서 한국어에서 "어머나!"라거나 "와!" 혹은 "저런!"과 같은 단어라고 생각한다면 그 단어의 형태 자체가 유지되는 것이 중요하다는 것을 이해할 수 있다. aho나 he는 누구를 부르거나 혹은 감탄을 표현할 때 자주 사용되는 감탄사이다. 고전쌍쓰끄리땀의 중요한 어휘들 중의 일부라고 할 수 있다. 따라서 "aho vīra"는 용맹한 사람을 보고서 "아! 용사여!"하고 감탄하는 표현이거나, "여보게, 용사여!"하고 부르는 표현일 수도 있다. he는 주로 어떤 사람을 부르거나 혹은 불만을 나타낼 때 사용하는 감탄사이다. 따라서 "he ācārya"는 "저, 선생님!"이라고 하거나 좀 부정적으로 이해할 때에는 "어이, 선생!"이라고 이해할 수 있겠다. ā의 경우는 고전쌍쓰끄리땀에서 나타나는 일이 훨씬 적은데, 어떤 기억이 떠오르는 상황을 나타내고, 따라서 떠오르는 고통의 경험이나 기억을 통한 공감 등을 표현할 수 있다. 따라서 "ā apehi"는 "아 맞아, 썩 꺼져!"라고 옮길 수 있겠다. 이와는 달리 "i indra"의 경우에는 i라는 별도의 감탄사가 따로 있다기보다는 리듬을 맞추는 노래를 하려고 indra의 첫 모음을 반복해서 운을 맞추어 가사를 만든 경우라고 보아야 한다. 베다 텍스트에서 흔하게 볼 수 있는 방식의 운을 만드는 방법이다. 특히 리듬을 붙인 텍스트를 제시하는 『싸마베다』(sāmaveda)에서 리듬을 살리는 표현 방식으로 자주 등장한다. 한국어로 비슷한 예를 들어 보자면 노래 가사 중에서 "동, 동, 동대문을 열어라!" 정도를 들 수 있겠다.

※02.24 동사를 만드는 근본이자 출발점이 되는 동사말뿌리를 변형시켜서 동사가 나타내고자 하는 뜻을 표현하도록 그 형태를 바꾸어 가는 것을 "활용"(conjugation)이라고 한다. 명사, 형용사, 대명사의 경우에는 필요한 격과 수 등을 나타내기 위해 변화시키는 것을 "곡용"(declension)이라고 한다.

※02.28

√tud "때리다"의 현재서술형 Parasmaipada 활용

수 인칭	단수	양수	복수
3.	tudati 그가 때린다	tudataḥ 그들 둘이 때린다	tudanti 그들이 때린다
2.	tudasi 당신이 때린다	tudathaḥ 당신 둘이 때린다	tudatha 당신들이 때린다
1.	tudāmi 내가 때린다	tudāvaḥ 우리 둘이 때린다	tudāmaḥ 우리들이 때린다

√diś "가리키다"의 현재서술형 Parasmaipada 활용

수 인칭	단수	양수	복수
3.	diśati 그가 가리킨다	diśataḥ 그들 둘이 가리킨다	diśanti 그들이 가리킨다
2.	diśasi 당신이 가리킨다	diśathaḥ 당신 둘이 가리킨다	diśatha 당신들이 가리킨다
1.	diśāmi 내가 가리킨다	diśāvaḥ 우리 둘이 가리킨다	diśāmaḥ 우리들이 가리킨다

※02.29 ca처럼 문장의 첫 자리에 나타나지 못하는 단어들을 가리킬 때 영어로 "enclitic"이라고 한다.

√likh의 기본적인 의미는 "긁다, 파다"이고 여기에서 파생된 의미가 "긁어서 기록하다", 즉 문자 기록을 남기기 위해 "적다"는 뜻이다. 역사적으로 이 표현이 "적다"라고 쓰인 것은 인도에서 문자가 사용되기 시작한 이후에 가능한 일이다.

※02.31 tu가 "그러나"의 의미로 쓰이는 경우에도 앞의 내용과 대조되는 내용을 제시하는 어감이 아주 강한 것은 아니다. 역접을 강하게 나타내고자 한다면

"kiṃ tu"를 쓰는 것이 일반적이다. 또한 tu는 아주 자주 이유를 나타내는 표현, "~때문에"의 의미로 사용된다. 이 때에도 아주 강하게 이유를 제시하는 표현 "왜냐하면"에는 해당하지 않고, "그런데 ~때문에" 정도의 표현으로 이해하면 적당하다.

쌍쓰끄리땀에서 사용하는 문장부호는 나중에 배우게 될 것이다. 하지만 따옴표, 느낌표, 물음표는 쌍쓰끄리땀 표기에 사용되는 전통적인 문장부호가 전혀 아니다. 다만 쌍쓰끄리땀을 로마자로 바꾸어 표기할 때에 가독성을 높이기 위해 유럽 전통에서 유래된 이러한 문장부호들을 종종 사용한다. 특히 학술적인 간행물의 경우에는 독자의 편의를 위한 고려가 아니라, 필자 혹은 편집자가 쌍쓰끄리땀 문장을 어떻게 이해하고 있는지를 드러내는 것이 중요한 일이기 때문에 이러한 문장부호를 로마자 표기와 함께 사용하는 것이 일반적이다. 본 교재에서는 로마자 표기를 하는 경우에 한해서 이러한 문장부호들도 필요에 따라 사용하게 될 것이다.

※02.32 쌍쓰끄리땀의 품사를 어떻게 구분할지에 대해서는 여러 가지 이론적인 논의와 고려가 필요하다. 게다가 인도 문법전통 안에서도 상이한 입장들이 개진되어 있기도 하다. 이 문제는 본 교재에서 자세히 다룰 만한 것은 아니다. 품사의 문제를 명확하게 다루지 않는 것을 독자들은 의아하게 생각할 수도 있겠다. 특히 라틴어 문법전통에서 품사론이 중요한 위치를 차지하고 있다 보니, 독자들이 유럽의 언어들을 배울 때 익숙했던 방식과 크게 다르다고 느낄 것이다.

실제로 문장을 이해하기 위한 기초적인 지식을 얻고, 사전 등의 참고 자료를 사용하는 능력을 기르는 데에 필요한 한도 안에서만 단어들의 종류를 구분하고자 한다. 품사론이 아주 중요한 부분을 차지하던 유럽의 문법전통에 비하면, 쌍쓰끄리땀에서의 품사 구분은 실질적으로 별 중요성을 갖지 못 할 뿐더러 이론적으로도 문법전통 안에서 중요하게 다루어지는 문제가 아니었다.

인도 전통의 문법 이론에서 품사론에 해당하는 논의로 단어들의 종류를 나누는 것은 이미 prātiśākhya에서부터 있었다. prātiśākhya란 각 베다의 전승 전통(śākhā) 안에서 이루어지던 베다 텍스트에 대한 분석과 연관된 언어 이론 혹은 문법 이론을 말한다. 단어의 종류를 나누는 것에 대한 원전 자료로 자주 인용되는 곳이 바로 *Nirukta* 1.4이거나 혹은 빠딴잘리(Patañjali)가 쓴 주석서, *Mahābhāṣya*의 시작부 (1.1.1)이다. 여기에서 단어들은 nāma, ākhyāta, upasarga, nipāta로 나뉘어진다. 이때 nipāta는 성구분이나 수를 표시하지 않는다. 따라서 다된말이 되기 위해 nipāta 뒤에 붙는 뒷토는 ∅라고 간주되거나 붙어 있던 뒷토가 ∅로 대체되어 생략된 것이라고 간주된다. 이러한 내용이 처음 쌍쓰끄리땀을 배우는 학습자들에게 중요한 것도 아니고 큰 도움이 될 것도 아니라는 것만 예시하고자 이 내용을 소개한 것이다.

※02.35 아래 연습문제의 풀이에서 ▷02.03(04) gacchatu iti śrutvā āgacchāmi aham에 싼디를 적용시키면 gacchatvitiśrutvāgacchāmyaham이 된다. 이때 표기는 로마자로 하지만 발음은 분명하게 싼디가 적용된 형태로 이어서 발음해야 하는 대목들이 생긴다. 예로 gacchatviti는 "갓차뜨비띠"라고 발음이 되어야 한다. gacchāmyaham은 "갓차~먀함"이 되어야 한다. 물론 c-ch가 연결되어 자음이 둘이 나타나는 경우이므로 분명하게 자음이 두 개 있다는 사실이 들리도록 발음을 해야 한다. 그런데 로마자 표기를 어떻게 띄어쓸 것인지에 문제가 생긴다. 발음은 이미 설명한 방식대로 한다고 하더라도 gacchatvitiśrutvāgacchāmyaham라고 표기하는 것은 실제로 문장을 이해하는 데에 별 도움이 되지 않는다. 그래서 로마자로 표기할 때에는 각 어구 단위로 뗄 수 있는 경우에는 모두 띄어서 표기하는 것이 일반적인 관행이다. 즉 gacchatv iti śrutvāgacchāmy aham이라고 표기를 하는 것이다. 이유는 이렇게 띄어쓰기를 해 주면 독자가 문장을 이해하기에 쉽기 때문이다. 로마자로 표기를 하는 바에야 로마자 표기의 장점을 포기해야 할 이유가 전

혀 없다. 다만 śrutvā와 āgacchāmi라는 두 어구는 모음싼디를 통해 붙어 있기 때문에 로마자 표기의 경우에도 띄어서 쓰는 것이 불가능하다. 이렇게 모음싼디를 통해 모음이 합쳐진 경우에는 띄어쓰기를 하지 않는다. 같은 모음싼디이지만 gacchāmi-aham의 경우에는 모음 i가 y로 바뀐 경우이기 때문에 gacchāmy aham이라고 띄어서 표기하는 것이 가능하므로 띄어서 표기한다. 읽을 때에는 물론 "갓차~먀함"이 될 수밖에 없다.

이러한 내용을 파악하지 못한 채 쌍쓰끄리땀을 로마자로 표기하는 글을 쓰는 경우가 많다. 기본적인 이해를 분명하게 가져야 하는 대목이다. 경우에 따라서 śrutvā-āgacchāmy라고 표기를 하는 경우가 있을 수 있다. 이 경우에는 ā + ā = ā에 따라 이루어진 싼디를 끊어 주어서 독자가 문장을 분명하게 이해할 수 있도록 의도적으로 끊어서 표기를 해 준 것이다. 만약 이러한 표기를 항상 사용하겠다고 한다면 일관성을 지켜서 사용할 수는 있겠다. 하지만 문제는 na-iha라고 표기를 하게 되는 경우이다. 쌍쓰끄리땀에서 두 단어를 띄어서 발음해야 하는 특별한 경우가 아니라면 na iha는 있을 수 없다. 싼디에 따라 neha가 되어야 한다. 따라서 na-iha라는 표현은 실제로 발음되어 사용되는 쌍쓰끄리땀이 아니기 때문에 문제가 된다. 일반적으로 싼디를 통해 모음이 합쳐진 경우에는 모음들을 끊어서 적지 않는다. 그런데 ▭ 02.03(12)에 나타나는 경우처럼 vane icchati를 싼디시켜서 vana icchati라고 하는 경우에는 싼디가 이루어지기 전의 형태를 나타낼 때 vane-icchati라고 표기해야 한다. e + i → a i(ai가 아니다!)가 된 경우에는 앞선 a와 뒤따르는 i가 나란히 나타나서 모음 충돌이 일어난 경우이다. 따라서 발음은 "아 이"가 되어야 한다. 그런데 이것을 표기할 때 "ai"라고 하면 안 된다. 여기에 복합 모음 ai가 있는 것이 아니기 때문이다. 아주 특별한 경우가 아니라면 a와 i를 띄어서 쓰는 것만으로 ai가 아니고 a와 i가 나란하게 나타나서 모음 충돌이 일어나는 경우임을 나타낼 수 있다. ▭ 02.03(14)에서 sāgara ivāśrame 'carat의 경우에도 똑같은 문제가 생겨난다. 이 문제는 인도문자가 아닌 로마자를 사용해서 표기하다 보니 생겨나는 현상이고, 로마자 표기의 단점이라고 할 수도 있겠다.

이 표기상의 문제를 정확하게 파악하고 바른 표기법을 따르는 것이 어렵게 느껴진다면 현재로서는 그냥 한 번 읽고 지나치기 바란다. 앞으로 쌍쓰끄리땀을 더 배우고, 또 데바나가리 문자를 사용한 표기를 배우고 나면 이 내용이 쉽게 이해될 수 있을 것이기 때문이다.

연습문제 풀이

D 02.01 다음 각 단어를 표02.04에 맞추어 활용시켜 보라.

D 02.01(01) √diś 〔diśati〕 "가리키다"

√diś "가리키다"의 현재서술형 Parasmaipada 활용

수 / 인칭	단수	양수	복수
3.	diśati 그가 가리킨다	diśataḥ 그들 둘이 가리킨다	diśanti 그들이 가리킨다
2.	diśasi 당신이 가리킨다	diśathaḥ 당신 둘이 가리킨다	diśatha 당신들이 가리킨다
1.	diśāmi 내가 가리킨다	diśāvaḥ 우리 둘이 가리킨다	diśāmaḥ 우리들이 가리킨다

D 02.01(02) √likh 〔likhati〕 "적다"

√likh "적다"의 현재서술형 Parasmaipada 활용

수 / 인칭	단수	양수	복수
3.	likhati 그가 적다	likhataḥ 그들 둘이 적다	likhanti 그들이 적다
2.	likhasi 당신이 적다	likhathaḥ 당신 둘이 적다	likhatha 당신들이 적다

1.	likhāmi 내가 적다	likhāvaḥ 우리 둘이 적다	likhāmaḥ 우리들이 적다

▷ 02.01(03) √pat 〔patati〕 "떨어지다"

√pat "떨어지다"의 현재서술형 Parasmaipada 활용

수 / 인칭	단수	양수	복수
3.	patati 그가 떨어진다	patataḥ 그들 둘이 떨어진다	patanti 그들이 떨어진다
2.	patasi 당신이 떨어진다	patathaḥ 당신 둘이 떨어진다	patatha 당신들이 떨어진다
1.	patāmi 내가 떨어진다	patāvaḥ 우리 둘이 떨어진다	patāmaḥ 우리들이 떨어진다

▷ 02.01(04) √pā 〔pibati〕 "마시다"

√pā "마시다"의 현재서술형 Parasmaipada 활용

수 / 인칭	단수	양수	복수
3.	pibati 그가 마신다	pibataḥ 그들 둘이 마신다	pibanti 그들이 마신다
2.	pibasi 당신이 마신다	pibathaḥ 당신 둘이 마신다	pibatha 당신들이 마신다
1.	pibāmi 내가 마신다	pibāvaḥ 우리 둘이 마신다	pibāmaḥ 우리들이 마신다

ᐅ 02.02 다음을 한국어로 옮겨라.

ᐅ 02.02(01) iha vadāmaḥ. tatra diśataḥ.

우리는 여기에서 말한다. 그곳에서 그들 둘은 보여 준다.

ᐅ 02.02(02) tatra diśathaḥ. neha kṣipathaḥ.

그곳에서 당신 둘은 보여준다. 당신 둘은 여기에서 던지지 않는다.

ᐅ 02.02(03) pibanti skandantīha ca. vadatha cātra.

그들은 여기에서 마시고 또 뛰어오른다. 그리고 당신들은 저기에서 또 말한다.

ᐅ 02.02(04) kutra vadasi likhanti ca?

어디에서 너는 말하고 그들은 적는가?

ᐅ 02.02(05) tatra vadāmi. na likhantīha.

그곳에서 나는 말한다. 그들은 여기에서 적지 않는다.

ᐅ 02.02(06) iha kṣipāvaḥ. tatra patathaḥ. tatra na patanti.

여기에서 우리 둘은 던진다. 그곳에서 너희 둘은 떨어진다. 그곳에서 그들은 떨어지지 않는다.

ᐅ 02.02(07) vadati na tatra tudati. na dveṣṭy atra.

그는 말하고 그 경우에 때리지 않는다. 그때 그는 싫어하지 않는다.

ᐅ 02.02(08) kutra pibasi skandasi ca?

어디에서 너는 마시고 또 뛰어오르는가?

ᐅ 02.03 다음에 제시된 구절들을 연결시켜 싼디를 적용하시오. 문장의 내용과는 무관하게 기계적인 싼디 적용 연습이니 띄어서 표기가 가능한 대목에서만 각 어구들을 띄어서 표기하면 된다. (괄호 안에 주어진

답들은 ※02.35에 따라 표준적인 표기 방식을 사용한 것이다.)

▷ 02.03(01) tatra-asti-indraḥ

tatrāstīndraḥ. (tatrāstīndraḥ.)

▷ 02.03(02) vadatu-unmattā-nārī

vadatūnmattā nārī. (vadatūnmattā nārī.)

▷ 02.03(03) rājā-āgacchati-iti-uktā-bālā

rājāgacchatītyuktā bālā. (rājāgacchatīty uktā bālā.)

▷ 02.03(04) gacchatu-iti-śrutvā-āgacchāmi-aham

gacchatviti śrutvāgacchāmyaham. (gacchatv iti śrutvāgacchāmy aham.)

▷ 02.03(05) mahati-āśrame-apaṭhyata-muninā-ṛgvedaḥ

mahatyāśrame 'paṭhyata muninargvedaḥ. (mahaty āśrame 'paṭhyata muninargvedaḥ.)

▷ 02.03(06) tasya-gṛhe-ekena-balena-uṣyate

tasya gṛha ekena balenoṣyate. (tasya gṛha ekena balenoṣyate.)

▷ 02.03(07) tasmai-imāni-pustakāni-adadva-āvām

tasmā imāni pustakānyadadvāvām. (tasmā imāni pustakāny adadvāvām.)

▷ 02.03(08) tatra-tau-ṛṣī-avadatām

tatra tāvṛṣyavadatām. (tatra tāv ṛṣy avadatām.)

▷ 02.03(09) jajñau-ekasmin-vane-amṛtau-iva-gurū-vedān

jajñāvekasmin vane 'mṛtāviva gurū vedān. (jajñāv ekasmin vane 'mṛtāv iva gurū vedān.)

▷ 02.03(10) aho-iti-mama-pitā-uvāca

aho iti mama pitovāca. ("aho" iti mama pitovāca.)

▷ 02.03(11) devī-odanān-brāhmaṇāya-dadau-iha

devyodanān brāhmaṇāya dadāviha. (devy odanān brāhmaṇāya dadāv iha.)

▷ 02.03(12) vane-icchati-tena-muninā-saha-eṣā-aputrā-bhāryā

vana icchati tena muninā sahaiṣāputrābhāryā. (vana icchati tena muninā sahaiṣāputrā bhāryā.)

✔ 이 경우에는 "vanaicchati"라고 표기하면 안 된다. 복합 모음 ai가 있는 것이 아니고 모음 a 뒤에 모음 i가 따라오는 모음 충돌의 경우이기 때문이다. (☞※02.35) 듣거나 읽는 사람의 입장에서는 바로 이러한 사실 때문에 "vana icchati"의 원래 형태가 "vane-icchati"일 것이라고 생각할 수 있다. 만약 원래 형태가 "vana-icchati"였다면 "vanecchati"가 되었을 것이다.

▷ 02.03(13) kanyā-tasyai-ajuhota-mṛgān

kanyā tasyā ajuhota mṛgān. (kanyā tasyā ajuhota mṛgān.)

✔ "tasyā-ajuhota"를 "tasyājuhota"로 만들면 싼디가 이루어진 곳에 다시 싼디를 적용하는 오류를 범하게 된다. (☞✤02.17)

▷ 02.03(14) sāgare-iva-āśrame-acarat

sāgara ivāśrame 'carat. (sāgara ivāśrame 'carat.)

▷ 02.03(15) kutra-adya-pibati-tatra-eva-adya-pibati

kutrādya pibati tatraivādya pibati. (kutrādya pibati? tatraivādya pibati.)

▷ 02.03(16) tatra-ṛṣiḥ-pibati-iha-ca-anyadā-skandati

tatrarṣiḥ pibatīha cānyadā skandati. (tatrarṣiḥ pibati. iha cānyadā skandati.)

▷ 02.03(17) nanu-upaiti-kanyā-ca-na-iha-vadati

nanūpaiti kanyā ca neha vadati. (nanūpaiti kanyā ca neha vadati.)

▷ 02.03(18) kutra-īśvaraḥ-patati-tatra-īśvaraḥ-patati-na-iha-īśvaraḥ-patati-patati-tu-iha-indraḥ (-ḥ로 끝나는 말들은 여기에 제시된 경우들에는 뒤따라 오는 말들과 싼디를 이루지 않는다.)

kutreśvaraḥ patati tatreśvaraḥ patati neheśvaraḥ patati patati tvihendraḥ. (kutreśvaraḥ patati? tatreśvaraḥ patati. neheśvaraḥ patati. patati tv ihendraḥ.)

제3과
संस्कृतवाक्योपक्रिया

※03.01 명사처럼 곡용이 되거나 동사처럼 활용이 되지 않는 불변화사 혹은 부사의 경우에도 다된말이 만들어져야만 문장 안에서 사용이 가능한 것으로 인도 전통문법은 설명한다. 현재의 학습 맥락에서는 무시해도 될 만한 내용이다. 관심이 있는 독자라면 강성용, 『빠니니 읽기』 §142이하를 참조하라.

명사말줄기와 동사말뿌리에 뒷토(들)이 첨가되는 양상은 사뭇 복잡하다. 따라서 뒷토들이 겹쳐서 첨가될 경우를 설명하기 위해 특정한 토(pratyaya)가 붙게 될 때 해당되는 토의 앞에 자리 잡은 말의 형태를 "말마디"(aṅga)라고 부르는데, 초급 교재의 맥락에서 굳이 이것까지 설명할 필요는 없다고 사료된다.

동사활용에 따라 다된말이 되는 단어는 동사인칭뒷토가 붙어서 끝나는 말이 된다는 의미로 인도 문법전통에서 "tiṅ-anta"라고 부른다. 명사곡용에 따라 다된말이 되는 단어는 명사격뒷토가 붙어서 끝나는 말이 된다는 의미로 인도 문법전통에서 "sub-anta"라고 부른다.(✤21.13(02)) 부사적으로 쓰이면서 동사활용에도 명사곡용에도 따르지 않고 그 형태 자체가 다된말이 되는 단어는 인도 문법전통에서 "avyayapada"라고 부른다.

※03.02 saṃhitāpāṭha는 텍스트의 정상적인 낭송 방식이며 "붙여서 읽기"를 뜻하는 말이다. 이 말에서 비롯된 saṃhitā라는 말을 낭송 방식을 가리키는 말이 아니라, 특정한 텍스트들을 부르는 말로 사용하는 것은 부차적인 용례에서 비롯된, 혹은 다른 방식으로 말하자면 잘못된 용례에서 비롯된 것이다. saṃhitā는 자연스럽게 낭송된 싼디를 적용해서 암송되는 텍스트의 원래 형태를 말하기 때문에 주어진 텍스트의 "원래 판본"이라는 의미로 사용되었던 것으로 보인다. 그러다 보니 이차적으로 분석작업을 통해 만들어진 padapāṭha와 구분해서 "원래 판본"이라는 의미로 사용되었고, 그래서 베다 텍스트의 일부를 saṃhitā라고 부르게 되었다는 말이다.

※03.05 영어에서도 단어의 형태가 바뀌어 격의 차이를 나타내는 경우가 있다. he와 him 그리고 she와 her는 구분이 된다. 하지만 "John gave her him." (존

이 그녀에게 그를 주었다.)와 "John gave him her." (존이 그에게 그녀를 주었다.)의 구분을 보면 him과 her라는 형태가 대상격은 물론 위함격(dative)으로도 쓰이고 있음을 알 수 있다. 또한 보다시피 "him"과 "her"라는 형태만으로는 그 단어가 대상격으로 사용되었는지 위함격으로 사용되었는지 알 수가 없다.

※03.06 어순에 대한 일반적인 법칙을 이야기할 수는 없다. 하지만 일반적으로 인도유럽어 전반에서 나타나는 경향성이 쌍쓰끄리땀에도 있다. 그것은 바로 가장 강조하고 싶은 말이 맨 앞으로 나온다는 것이다. 예로 "na vadati tu likhati."라는 문장과 "likhati tu na vadati."라는 문장의 어감 차이를 독자들은 이해할 수 있을 것이다.

※03.08 deva의 곳때격 복수가 deveṣu 형태가 되는 것은 내부싼디에서 -su가 -ṣu로 바뀌기 때문인데 이에 대해서는 앞으로 ↳✤05.10에서 배우게 된다. 현재로서는 주어진 형태 그대로 암기하기 바란다. 아래의 ※03.10에서 연습하게 되는 단어들도 마찬가지로 -ṣu의 형태를 갖게 되기 때문에 현재로서는 deveṣu로 익힌 패턴을 그대로 반복한다고 생각하면 된다.

※03.10

-a 끝모음명사 남성곡용 vānara [m.] '원숭이'

격	약칭	단수	양수	복수
임자격	N.	vānaraḥ	vānarau	vānarāḥ
대상격	A.	vānaram	vānarau	vānarān
수단격	I.	vānareṇa	vānarābhyaṃ	vānaraiḥ
위함격	D.	vānarāya	vānarābhyaṃ	vānarebhyaḥ
유래격	Ab.	vānarāt	vānarābhyaṃ	vānarebhyaḥ
가짐격	G.	vānarasya	vānarayoḥ	vānarāṇām
곳때격	L.	vānare	vānarayoḥ	vānareṣu
부름격	V.	vānara	vānarau	vānarāḥ

-a 끝모음명사 남성곡용 kāla [m.] "때, 시간"

격	약칭	단수	양수	복수
임자격	N.	kālaḥ	kālau	kālāḥ
대상격	A.	kālam	kālau	kālān
수단격	I.	kālena	kālābhyām	kālaiḥ
위함격	D.	kālāya	kālābhyām	kālebhyaḥ
유래격	Ab.	kālāt	kālābhyām	kālebhyaḥ
가짐격	G.	kālasya	kālayoḥ	kālānām
곳때격	L.	kāle	kālayoḥ	kāleṣu
부름격	V.	kāla	kālau	kālāḥ

※03.18 이 내용을 학습하는 데에는 용어들이 빚어내는 추가적인 어려움들이 있다. 영어의 "voice"라는 용어는 물론이고 더 보태어 이 용어를 번역한 용어인 "태"라는 표현이 한국인 독자들에게 맥락을 이해하는 단서를 제공해 주지 못한다. 따라서 학습자들이 이 용어의 해석을 통해 이해를 구하기는 어렵다. 사정은 "중간태"라는 용어의 경우에 더욱 심각해진다. 일본어 번역어인 "중간태"라는 개념으로 설명을 주고자 하면, 한국인 학습자들에게는 대부분의 경우 황당한 말로 받아들여질 뿐이다. 수동태와 능동태의 중간이 있다는 말인가? 그것이 있다고 한들 도대체 무슨 의미를 가진 것일 수 있는가? 실제로 "middle voice"라는 용어는 유럽 문법전통에서 오랜 세월 사용되어 온 역사가 있는 용어인지라 인도유럽어족에 속하는 쌍쓰끄리땀을 학습하는 우리가 피하기 어려운 용어이지만, 이 자체가 일면은 적절하지 못한 용어인 까닭에 우리의 이해를 더욱 어렵게 하는 측면이 있다.

이 배후에 자리 잡고 있는 사정은 이렇다. 대부분의 경우에는 문장에서 주어로 표현되는 행위자가 동사로 표현되는 행위를 행한다는 사실이 문장이 담고자 하는 내용이 된다. 그 행동의 결과가 다른 사람 혹은 다른 대상을 향한다는 것이 전제된 채로 문장이 이해된다. 예로 "nalo nṛpaṃ namati."(날라는 왕에게 경의를 표한다.)에서 주어 날라의 행위인 "경의를 표함"은 왕을 향하고 있으며, 이 문장의 내용은 왕이 누리는 "인사를 받는" 일에 대한 서술이다. 그런데 어떤 경우에는 동사가 나타내는 행위가 곧바로 문장의 주어 자신에게 돌아오는 것이라는 내용을 암묵적으로 혹은 추가적으로 나타내는 경우가 있다. 비슷한 정도의 예가 될 수 있는 문장은 영어로 "Tom is shaving."(톰은 [자기 자신의] 수염을 깎는다. → 톰은 면도한다.) 혹은 "The politician undressed."(정치가는 [자신이 입었던 옷을] 벗었다.)를 들 수 있을 것이다. 이 영어 예문들과 대조시켜 설명을 하기 위해 영어로 다른 예문을 만들어 보자. "I blame myself." (나는 나 자신을 탓한다.)의 경우와 같이 재귀대명사인 "myself"라는 특별한 목적어를 사용해서 "blame"이라는 동사를 사용하는 것과는 아예 다르게 "blame-self"라는 동사를 하나 새로 만들어서 사용한다고 하자. 그렇다면 "I blame-mv"는 "나는 나 자신을 탓한다"라는 뜻이 될 것이다. 이 "blame-mv" 동사의 복수형이 "blame-mvs"라고 한다면 "The politicians blame-mvs."는 "정치가들은 자신들을 탓한다."라고 해석될 것이다. 인도유럽어의 고전어, 특히나 쌍쓰끄리땀과 고대그리스어에는 이 blame-mv에 해당하는 동사의 활용 형태들이 있었고 이것을 영어로는 "middle voice"라고 부른다. "The politicians are blamed by me."는 주어인 정치가들이 어떤 행위의 대상이 되는 것을 나타내는 수동태인데 반해, "The politicians blame-mvs."는 한 쪽으로는 수동태가 아니니까 능동태에 가깝지만 내용상으로는 주어인 정치가들이 (자기 스스로를 비난하는) 행위의 대상이 된다는 점에서 수동태에 가깝기도 하다. 즉 능동태에도 수동태에도 모두 가까우니 중간에 있는 "중간태"라고 부른 것이 이 "중간태"라는 용어의 이면에 자리 잡은 논리인 셈이다. 그런데 "blame-mv"의 예처럼 중간태에 해당하는 동사의 의미는 동사가 표현하는 행위의 결과가 주어 자신에게 되돌아 간다는 재귀적인 의미와 연관된다. 그렇다 보니 재귀적인 의미라는 뜻에서 "reflexive verb"라고 부르기도 하는데, 이것을 일본어로 번역한

"再歸動詞"라는 용어를 차용해서 한국어로 "재귀동사활용"이라고 부르기도 한다. 또 영어의 "reflexive"라는 말을 번역한 일본어 "反射"라는 용어를 차용해서 "반사(태)"라고 부르는 경우도 있다. 모두 한국어로 의미 전달이 이루어지지 않을 뿐 아니라 쌍쓰끄리땀의 맥락에 적확하게 맞지 않는 경우가 많다. 이러한 용어들이 학습자들에게 이해보다는 오해를 만드는 경우가 많은 것은 이런 용어를 사용하는 사람들이 많은 경우 이 용어들의 맥락과 의미를 파악하지 못한 채 사용하기 때문이라고 생각된다.

이와는 사정이 상당히 다른 것이 인도의 문법 용어이다. 의미와 형태의 구분을 위해 사용되는 "parasmaipada"와 "ātmanepada"는 각각 "남을 위한 말"과 "자신을 위한 말"이라는 뜻의 용어이다.(↳✤20.14) 이 두 활용 형태는 명확하게 형식적으로 구분되는데, 예를 들어 3인칭 단수 현재형 parasmaipada로 √yaj가 활용되면 yajati가 되고 이에 해당하는 ātmanepada형태는 yajate가 된다. 이 두 가지 활용 형태가 따로 존재하기 때문에 쌍쓰끄리땀의 각 동사들은 이 두 활용 형태 중 하나를 따라서 활용된다. 예로 √tud는 parasmaipada 활용에 따르기 때문에 현재서술형 3인칭 단수가 "tudati"(그가 때린다)이다. 그런데 ātmanepada 활용에 따르는 √labh는 3인칭 단수형이 "labhate"(그가 얻는다)가 된다. 따라서 학습자들은 각 동사를 배울 때 동사의 현재서술형 3인칭 단수 형태를 외우는 것이 좋다. 이것을 통해 각 동사가 parasmaipada 활용을 따르는지 혹은 ātmanepada 활용을 따르는지를 알 수 있기 때문이다. 그런데 동사 √vad는 parasmaipada와 ātmanepada 활용형 모두를 사용할 수 있다. 결국 parasmaipada의 형태로만 활용되는 동사들이 있고 또 ātmanepada 형태로만 활용되는 동사들도 있고, 다르게 어떤 동사들은 parasmaipada와 ātmanepada의 두 형태 모두로 활용된다. 두 활용 형태 모두를 사용하는 말을 "ubhayapada"(양쪽 [형태로 활용을 하는] 말)라고 한다.

※03.19

√prach P.Ā. [pṛcchati, pṛcchate] "묻다, 질문하다, 요청하다"의 Ā. 현재활용

수 / 인칭	단수	양수	복수
3.	pṛcchate	pṛcchete	pṛcchante
2.	pṛcchase	pṛcchethe	pṛcchadhve
1.	pṛcche	pṛcchāvahe	pṛcchāmahe

√yaj P.Ā. [yajati, yajate] "제사 지내다, 공물을 바치다"의 Ā. 현재활용

수 / 인칭	단수	양수	복수
3.	yajate	yajete	yajante
2.	yajase	yajethe	yajadhve
1.	yaje	yajāvahe	yajāmahe

※03.23(03) 인도 문법전통에서도 논란이 되는 부분이다. 일부 인도 문법가들은 -m + y- / l- / v-의 결합이 이루어지는 경우 앞선 -m이 단순히 비음화 되는 것이 아니어서 -ṃ + y- / l- / v-로 표기되는 것이 부적절하다는 견해를 주장한다. 이들은 이 외부싼디의 경우 앞선 -m이 단순하게 비음화되는 것이 아니라, -m에 뒤따르는 반모음에 상응하는 비음화된 반모음이 -m을 대신해서 나타나게 된다고 이해한다. 따라서 앞선 -m의 변형된 형태를 표기할 때 적확한 이해에 맞추어 표기하자면 아누쓰바라로 표기하지 말고 y, l, v의 비음화된 발음을 따르 나타내 주어 표기해야 한다고 주장한다. 현대 학자들 중에는 이러한 경우에 -ṃ을 대신하여 -m̐을 사용하는 사람들도 있다.

본 교재에서는 ✤03.23(02)와 ✤03.23(03)의 표기 방식을 따르지 않는다. 실익이 없기 때문이다. 쌍쓰끄리땀을 배우고 익혀 나가는 과정에서 이 두 가지 가능한 표기 방식 때문에 심하게 어려움을 겪게 될 가능성은 거의 없다.

※03.24(04) 끝소리 -ḥ는 원래 -s에서 만들어진 경우가 많다. -r에서 만들어진 경우도 있지만 그 수가 적다. 따라서 끝모음명사 -a의 남성곡용(☞표03.01)에 있는 임자격 단수는 원래 devas인데 devas가 진짜말끝에 나타날 때에는 devaḥ가 되어야 하지만 devas + tathā의 경우에는 devas의 뒤에 따라오는 말 tathā가 있으니 -s가 바뀌어야 할 이유가 없다. 이렇게 본다면 -s는 -ḥ가 -s로 바뀌는 것이 아니라 변하지 않고 남는 것이라고 할 수 있다. 표02.04에 보이는 √vad의 3인칭 양수 현재형 vadatas의 경우에도 마찬가지이다. 다만 vadatas가 진짜말끝에 나타나게 되는 경우, 즉 활용형을 외우는 표의 경우에도 vadataḥ라고 싼디를 적용시켜야 한다.

※03.24(09) 구체적인 싼디 규칙들을 모두 억지로 외우려고 하지 말고 입으로 발음을 하면서 싼디가 적용되어야만 하는 필요를 느껴보는 것에서부터 싼디에 대한 공부를 시작하기 바란다.

devas + tathā를 발음해 보라. 발음에 어려움이 전혀 없다. 혀가 -s를 발음했던 위치에서 움직여야 할 필요도 없이 그 다음의 소리 t-를 발음할 수 있기 때문이다. 이것을 체계적으로 설명하자면 표01.03에서 상황을 확인하면 된다. s와 t 둘 다 이빨소리에 속하기 때문이다. 즉 그림01.01의 발음 위치 4에서 발음되는 소리가 이어지기 때문에 한 소리가 다른 소리로 바뀌어야 할 이유가 없는 것이다. 이 사정을 적은 것이 ✣03.24(04)이다.

이와는 사정이 다르게 devas + candre를 발음해 보라. -s를 발음한 이후에 혀가 재빨리 움직여서 c-발음을 해야만 하는데, 이것이 혀를 무척 힘들게 할 뿐더러 빠르게 발음하는 것이 불가능하다. 그림01.01에서 판단하기에 이빨소리인 s 뒤에 굳은곳소리인 c가 나타나기 때문이다. 결국 s이거나 c이거나 두 소리 중의 하나가 움직여서 두 소리의 발성 위치가 같은 곳으로 모아지거나, 혹은 두 소리 모두가 움직여서 공통의 발성 위치에서 만나야 한다. 그런데 싼디는 대부분 역행동화이다. 즉 앞선 소리가 뒤따르는 소리에 맞추어 발성 위치를 바꾸는 것이다. 그렇다면 다시 표01.03을 보자. 이빨소리 s

가 굳은곳소리 c에 가까워지는 방법은 s가 속하는 갈이소리의 열에서 굳은곳소리에 해당하는 ś로 소리가 옮겨가는 것이다. 이렇게 되면 발음이 devaś candre가 된다. 이 내용을 담은 것이 ✤03.24(02)이다.

devaḥ + ṭiṭṭibham을 예로 삼아 다시 똑같은 방식으로 검토를 해 보라. devas의 원래 소리 s가 혀말은소리 ṭ와 가깝게 이동을 하자면 같은 갈이소리의 열에 자리 잡고 있는 혀말은소리인 ṣ로 이동하는 것이 가장 쉬운 방법이다. 결국 발음은 devaṣ ṭiṭṭibham이 된다. 이 내용을 담은 것이 ✤03.24(03)이다.

똑같은 검토를 suptaḥ + śiśuḥ에 대해서 해 보자. 표01.03을 보면 h가 갈이소리와 비슷한 소리로 표기되어 있다. 이 울림소리 h의 짝이 되는 안울림소리가 바로 ḥ라고 우리는 알고 있다. 따라서 ḥ가 갈이소리로 간주될 만큼 갈이소리에 가까운 소리라는 것을 생각하면 같은 갈이소리 ś를 만나서 굳이 바뀌어야 할 이유가 크게 없다고 보인다. 발음에 부담이 없으니 그대로 남아 있어도 될 것이다. 따라서 suptaḥ śiśuḥ가 가능하다. 그런데 굳이 정확한 갈이소리로 소리를 같게 만들겠다고 한다면 갈이소리와 유사한 ḥ를 갈이소리 ś로 바꾸는 편이 제일 나은 선택으로 보인다. 따라서 suptaś śiśuḥ도 가능하다. 이것이 ✤03.24(05)의 내용이다.

앞서 필자가 쌍쓰끄리땀의 발음 연습이 중요하다는 사실을 강조한 적이 있다. 이제 독자들은 연습한 발음을 근거로 하서 모든 싼디 규칙이 내포하고 있는 어떤 필요성을 스스로 느껴 보기 바란다. 인간의 발성기관이 갖는 보편적인 구조의 동일성에 근거해서 우리는 모든 싼디 규칙이 왜 필요한지 느끼고 납득할 수 있다. 그리고 그것을 보다 체계적이고 정확하게 이해하고자 한다면 표01.03을 눈 앞에 두고 싼디 현상이 왜 일어나는지 그리고 어떻게 일어나는지를 직접 되짚어 보기 바란다.

싼디를 익히는 방법은 이렇게 발음의 연습과 그 연습을 발판으로 삼은 명확한 필요성의 납득이고 그 위에서 이루어지는 이론적인 이해이다. 그리고 구체적으로 익혀 나갈 때에는 규칙들을 외우기보다는 주어진 예들을 중심으로 해서 익숙해지도록 반복해서 연습하기 바란다. 이해하는 일이 목표가 아니라 구사하는 능력이 우리의 목표이다.

※03.30 √as [asti] 와 √bhū [bhavati]가 갖는 의미를 굳이 구분하자면 √as는 "실제로 있다, 존재한다"는 의미가 강조되는 맥락에서 자주 쓰이고 √bhū는 "되다"라는 함축을 담고 쓰이는 경우가 많다.

※03.35 영어에서 우리에게 익숙한 전치사(preposition)와 달리 후치사(postposition)는 그것이 지배하는 말의 뒤에 놓여서 사용된다. 그리고 전치사와 후치사를 합쳐서 부르는 말로 "부치사"(adposition)라는 말을 사용하기도 하고 혹은 "전치사"라는 말을 "후치사"까지 포함하는 개념으로 확장시켜 사용하기도 한다. 쌍쓰끄리땀에서는 부치사가 전치사로 혹은 후치사로 위치를 바꾸어 사용되는 경우도 많아서 오해를 피하기 위해 본 교재에서는 "부치사"라는 용어를 사용하고 그 약어인 "adp."를 낱말 목록에서 품사를 표시할 때 사용하고자 한다. 쌍쓰끄리땀에서는 부치사의 쓰임이 어순에서 자유로운 것은 물론이고 부치사와 부사의 경계도 모호한 경우가 많다.

※03.36 "nṛpo nalaḥ sevakaṃ vādayati."에서는 nalas sevakaṃ 형태로 이루어지는 싼디도 가능하다. "nalo vīraḥ śaṅkhaṃ vādayati."(영웅인 날라는 소라고둥을 불었다.)에서 vādayati는 "말하게 시키다"의 의미를 갖는 시킴형인데, "소리를 내도록 만들다"의 의미로 악기를 대상으로 하는 경우 "악기를 연주하다"의 의미로 사용된다.

※03.37 √kṛ 8P.Ā. [karoti, kurute] "하다, 실행하다, 만들다"는 제8갈래에 속하는 동사이다. 따라서 표02.04 (√vad의 현재서술형 P.)나 표03.02(√vad의 현재서술형 Ā.)와는 활용형이 다르다. 따라서 11과에서 정확하게 배울 때까지 이 동사는 3인칭 단수 형태만 사용할 것이다.

※03.39 iti로 인용된 긴 문장 안에 포함된 짧은 문장들이 각각 따로 iti로 표시되어 있는 예를 ▷ 17.03(02)-(03)에서 볼 수 있다.

연습문제 풀이

ᐅ 03.01 다음 문장에 싼디를 적용하고 해석하시오.

ᐅ 03.01(01) punaḥ-iha-nṛpān-namataḥ-vadataḥ-ca

punar iha nṛpān namato vadataś ca.

여기서 다시 두 사람은 왕들에게 경의를 표하고 그리고 말한다.

ᐅ 03.01(02) vaṇijakaḥ-tatra-asti

vaṇijakas tatrāsti.

상인은 거기에 있다.

ᐅ 03.01(03) gṛhakārakaḥ-gṛham-karoti

gṛhakārako gṛhaṃ karoti.

목수가 집을 만든다.

ᐅ 03.01(04) devam-jayāmaḥ-iti-nṛpāḥ-bhāṣante

devaṃ jayāma iti nṛpā bhāṣante.

우리는 신을 이긴다고 왕들이 말한다.

ᐅ 03.01(05) tatkālam-vānarāḥ-aśvāḥ-iva-devālayam-āgacchanti

tatkālaṃ vānarā aśvā iva devālayam āgacchanti.

그때에 원숭이들은 말들처럼 사원으로 온다.

ᐅ 03.01(06) sevakāḥ-apaṇḍitāḥ punaḥ-punaḥ-tu-satyam-vadanti

sevakā apaṇḍitāḥ. punaḥ punas tu satyaṃ vadanti.

하인들은 배운 자들이 아니다. 그런데 그들은 거듭 거듭 진리를 말한다.

D 03.01(07) he-asatyam-vadasi-iti-paṇḍitāḥ-brāhmaṇam-bhāṣante

he! (☞✤02.22) asatyaṃ vadasīti paṇḍitā brāhmaṇaṃ bhāṣante.

"어이, 그대는 거짓을 말한다!"라고 현자들이 사제에게 말한다.

D 03.01(08) gṛhakārakaḥ-punaḥ-devālayam-karoti-gṛham-ca-gacchati

gṛhakārakaḥ punar devālayaṃ karoti gṛhaṃ ca gacchati.

목수는 다시 신전을 짓고 그리고 집에 간다.

D 03.01(09) aho-na-satyam-bhāṣethe-iti-śiṣyau-vaṇijakau-prati-eva-manyete-tatkālam

aho! (☞✤02.22) na satyaṃ bhāṣethe (☞✤02.20) iti śiṣyau vaṇijakau praty eva manyete(☞✤02.20) tatkālam.

"오호! 당신들 두 사람은 사실을 말하지 않는군! "하고 두 학생은 그때 바로 두 상인에 대해서 생각한다.

D 03.01(10) atha-paṇḍitau-aśvam-diśataḥ-iti-manyete-vīrau

paṇḍitau-tu-tatra-candram-eva-na-aśvam-diśataḥ

atha paṇḍitāv aśvaṃ diśata iti manyete vīrau. paṇḍitau tu tatra candram eva nāśvaṃ diśataḥ.

"이제는 두 현자가 말을 가리킨다."라고 두 영웅은 생각한다. 하지만 두 현자는 그곳에서 말이 아니라 바로 달을 가리킨다.

D 03.01(11) sūryaḥ-iva-devaḥ-atra-janān-pṛcchati-kutra-nṛpaḥ-candram-iva-vīram-jayati-iti

sūrya iva devo 'tra janān pṛcchati kutra nṛpaś candram iva vīraṃ

(/vīrañ) jayatīti.

태양과 같은 신이 그곳에서 사람들에게 물었다. "어디에서 왕이 달과 같은 용사를 무찔렀는가?"라고.

✔ 달은 밤하늘의 모든 것보다 밝아서 우월한 것으로 간주되어, 가장 뛰어난 것을 표현하는 대표적인 비유의 대상으로 자주 사용된다. 태양도 이러한 맥락에서 사용되는 경우들이 있지만 훨씬 드물고, 사용되는 맥락 또한 다중적인 특별한 의미를 내포한 경우들이 많다.

D 03.01(12) janāḥ-saṃvatsaram-brāhmaṇau-eva-satyam-prati-pṛcchanti

janāḥ (/janās) saṃvatsaraṃ brāhmaṇāv eva satyaṃ prati pṛcchanti.

사람들이 일년 동안 바로 그 두 사제에게 진리에 대해 묻는다.

D 03.01(13) paṇḍitaḥ-apaṇḍitam-dviṣṭe-apaṇḍitaḥ-ca-paṇḍitam-dviṣṭe

paṇḍito 'paṇḍitaṃ dviṣṭe 'paṇḍitaś ca paṇḍitaṃ dviṣṭe.

배운 자는 못 배운 자를 싫어하고 못 배운 자는 배운 자를 싫어한다.

D 03.01(14) janāḥ-tatra-paṇḍitam-dharmam-prati-pṛcchanti-punar-iha-āgacchanti-ca-dharmam-pṛcchante

janās tatra paṇḍitaṃ dharmaṃ prati pṛcchanti punar ihāgacchanti ca dharmaṃ pṛcchante.

사람들이 거기에서 현자에게 다르마에 대해 묻고 그리고 다시 이곳으로 오고 다르마를 요구한다. (여기에서는 문맥에 맞추어 P.의 형태와 Ā.의 형태를 의미상 구분하는 방식으로 해석했다.)

D 03.01(15) ācāryaḥ-ca-śiṣyaḥ-ca-sevakaḥ-ca-aśvaḥ-ca-mārgam-punar-gacchanti

ācāryaś ca śiṣyaś ca sevakaś cāśvaś ca mārgaṃ punar gacchanti.

스승과 학생과 하인과 말이 다시 길을 향해 갔다.

▷ 03.01(16) aśvau-iha-skandataḥ-carataḥ-ca nṛpaḥ-aśvau-atra-dviṣṭe-daṇḍam-ca-kṣipati

aśvāv iha skandataś carataś ca. nṛpo 'śvāv atra dviṣṭe daṇḍaṃ ca kṣipati.

여기에서 두 말이 뛰어오르고 돌아다닌다. 왕은 그 경우 두 말을 싫어하고 (√dviṣ 2P.Ā. [dveṣṭi, dviṣṭe]) 막대기를 던진다.

▷ 03.01(17) śiṣyam-ācāryaḥ-tatkālam-vadati nṛpam-namasi-satyam-ca-punar-vadasi-iti

śiṣyam ācāryas tatkālaṃ vadati. nṛpaṃ namasi satyaṃ ca punar vadasīti.

그때 스승이 학생에게 말한다. "너는 왕에게 인사하고 다시 진실을 말한다." 라고

▷ 03.01(18) atha-vīraḥ-tu-ācāryaḥ-nṛpaḥ-aśiṣyaḥ-nalaḥ-iha-punar-punar-namati

atha vīras tv ācāryo nṛpo 'śiṣyo nala iha punaḥ punar namati.

한편 영웅이면서 스승이고 왕이고 학생이 아닌 (즉, 더 배울 것이 없는) 날라는 여기에서 다시 또 다시 인사했다 (자신을 굽혔다).

✔ 만약 여기에서 사용된 단어가 aśiṣya가 아니고 śiṣya였다면 싼디는 nṛpaḥ śiṣyo이거나 nṛpaś śiṣyo가 되었을 것이다. 따라서 aśiṣya의 부정어 a-가 탈락되었다고 해서 오해가 생길 소지는 없다.

▷ 03.01(19) śiṣyaḥ-saṃvatsaram-na-punaḥ-krīḍati-iti-bhāṣete-atra-brāhmaṇau-tatkālam

śiṣyaḥ saṃvatsaraṃ na punaḥ krīḍatīti bhāṣete 'tra brāhmaṇau tatkālam.

"학생은 일 년 동안 다시 놀지 않는다."라고 두 사제가 그곳에서 그때 선언

한다.

▷ 03.01(20) atha-devāḥ-sūryam-icchanti-na-candram-iti-āgacchanti-iha

atha devāḥ sūryam icchanti na candram ity āgacchantīha.

그런데 신들은 태양을 원하고 달을 원하지 않아서 이곳(이 세상)으로 온다.

✔ iti를 이유나 근거를 나타내는 표현으로 사용하는 예이다. 그리고 iha는 다른 세상이 아니라 지금 우리가 살고 있는 "이 세상"을 가리키는 말로 자주 사용된다.

▷ 03.01(21) janāḥ-devālayam-prati-gacchanti-devam-prati-ca-namanti

janā devālayaṃ prati gacchanti devaṃ prati ca namanti.

사람들은 신전을 향해 가고 그리고 신을 향해서 경배한다.

▷ 03.01(22) kutra-nṛpaḥ-dharmam-karoti-iti-pṛcchete-iha-sevakau-apaṇḍitau

kutra nṛpo dharmaṃ karotīti pṛcchete iha sevakāv apaṇḍitau.

"어디에서 왕이 정의를 행하는가?"라고 두 못 배운 하인들이 여기에서 (스스로에게) 묻는다.

✔ pṛcchete의 양수 뒷토 -e는 싼디가 적용되지 않는다(☞02.20). pṛcchataḥ라는 P. 대신 Ā. 양수가 사용되었으므로 "스스로에게 묻는다"라는 해석이 가능할 수도 있다. 물론 Ā.의 사용이 내용상 P.의 사용과 구분되지 않을 수도 있다. 맥락에 따라 그리고 시대와 쌍쓰끄리땀의 층위에 따라 구분해야 하는 문제이다. apaṇḍita가 sevaka를 수식하는 형용사인지, 아니면 apaṇḍita가 "못 배운 사람"이라는 명사인데 sevaka와 나란하게 동격으로 쓰여서 sevaka를 수식하는 것인지 따진다면 명확한 답은 없다. 쌍쓰끄리땀에서 형용사와 명사의 구분선은 이처럼 흐릿하다. 이 두 가지 모두 가능한 해석이다. 다만 우리는 현재 형용사를 배우지 않았으므로 apaṇḍita를 명사라고 간주하고 해석하면 되는 상황이다.

▷ 03.01(23) ācāryāḥ-nṛpāḥ-śiṣyāḥ-ca-dharmān-punar-manyante-iha-dharmam-prati-pṛcchanti-ca

ācāryā nṛpāḥ (/nṛpāś) śiṣyāś ca dharmān punar manyanta iha dharmaṃ prati pṛcchanti ca.

스승들과 왕들과 학생들이 다르마들을 다시 생각하고 이곳에서 다르마에 대해서 질문한다.

✔ dharma는 단순하게 "정의"라고 번역할 수는 없는 "사회 · 종교적 규범"을 가리키기 때문에 다르마들 사이의 충돌은 당연하게 있을 수 있다. 친족이 범죄자라면 그 범죄자를 신고하는 것이 시민의 다르마이고 그 범죄자를 돌보아 주는 것이 가족의 다르마가 되는 상황을 떠올려 보자. 따라서 여러 사회적, 종교적 입장과 위치에 따라 각자에게 각자의 다르마(svadharma)가 있다는 것은 인도 전통의 상식이다. 초기 베다 텍스트에서는 dharma라는 단어 자체가 주로 복수로 사용된다는 사실이 함축하는 바가 크다.

▷ 03.01(24) apaṇḍitaḥ-nṛpam-prati-namati brāhmaṇam-prati-tu-namati-nṛpam-prati-eva-paṇḍitaḥ-hasati

apaṇḍito nṛpaṃ prati namati. brāhmaṇaṃ prati tu namati nṛpaṃ praty eva paṇḍito hasati.

못 배운 사람은 왕을 향해서 인사를 한다. 하지만 사제를 향해서 인사를 하고 왕을 향해서 웃는 것이 배운 사람이다.

✔ 앞서 -aḥ는 울림소리 자음 앞에서 -o가 된다고 배웠다. (☞✤03.26(03)) "paṇḍito hasati"에서 paṇḍitaḥ가 paṇḍito로 바뀐 이유이다. 우리가 생각하고 있어야 하는 것은 바로 h가 울림소리라는 사실이다. 모든 싼디 규칙들을 우리는 스스로 소리를 내 보고서 이해하고 납득할 수 있다. 하지만 h를 유성음으로 발음하는 것이 불가능한지라 h와 연관되는 모든

싼디는 암기하고 이를 통해 이해할 수밖에 없다.

▷ 03.02 다음 이야기를 한국어로 옮기시오.

▷ 03.02(01) athāsti vaṇijakaḥ. vaṇijako devālayam icchati. vaṇijako gṛhakārakaṃ prati gacchati ca namati ca. he gṛhakārako bhavasīti vadati vaṇijako 'tra. gṛhakārako devālayaṃ karotītīhāgacchāmi. devālayam icchāmīti gṛhakārakaṃ vadati vaṇijakaḥ. tatkālaṃ vaṇijaka upahāraṃ diśati. janā devālayam icchantīti manyate gṛhakārakaḥ.

그런데 상인이 있다. 그리고 상인은 신전을 원한다. 상인이 목수를 향해 가서 목수에게 인사한다. "어이! 당신은 목수이다."라고 상인이 거기에서 말한다. "목수는 신전을 만들기 때문에(iti) 내가 이곳으로 왔다(iha-āgacchāmi). 나는 신전을 원한다."라고 상인이 목수에게 말한다. 그때에 상인이 공물을 보여주었다. 사람들이 신전을 원한다고 목수는 생각한다.

✔ gṛhakārako devālayaṃ karotītīhāgacchāmi. devālayam icchāmīti라는 아주 긴 대목이 맨 마지막의 iti가 포함하는 영역이라는 사실을 보면, iti가 포함하는 영역의 시작이 어디인지를 알기 위해서는 맥락에 따른 판단이 필요하다는 것을 실감하게 된다. karoti-iti-iha-āgacchāmi에서 만약 동사가 āgacchāmi "내가 온다"가 아니고 gacchāmi "내가 간다"였다면 현재의 싼디는 불가능하다. 그리고 여기에서 나오는 iti가 전형적으로 "~이므로, ~이니까 따라서"의 의미로 사용된 경우이다.

▷ 03.02(02) atha gṛhakārakaś ca saṃvatsaraṃ devālayaṃ karoti. dinaṃ gṛhakārako punaḥ punar gṛhaṃ gacchati pibati ca. tatkālaṃ tu vānarā devālayam āgacchanti krīḍanti ca. tatra stambho 'sti.

그리고 나서 목수는 일 년 동안 신전을 짓는다. 하루에 목수는 다시 또 다시 집으로 가서 마신다. 그때 원숭이들이 신전으로 오고 논다. 거기에 기둥이 있다.

▷ 03.03 다음의 한국어 문장을 쌍쓰끄리땀으로 옮기시오.

✔ 이 대목에서 정답으로 제시되는 쌍쓰끄리땀 문장들은 이것만이 올바른 정답이라는 의미로 받아들일 것이 아니다. 다른 어순이나 다른 표현을 사용한 문장들이 항상 가능하다는 사실을 염두에 두기 바란다. 하지만 현재 모범답안으로 주어지는 문장들이 싼디의 측면이나 어순의 면에서 보다 파악하기 쉬운 형태가 아닌지 고려해 보아야 한다. 좀 더 배우고 나면 쌍쓰끄리땀으로 표현할 수 있는 가능한 형태들이 너무나 많아지는 데다, 작문 연습을 통해서 얻게 되는 실익이 많지 않다고 판단하기 때문에 본 교재에서는 3과 이후로는 작문을 요구하는 연습문제가 주어지지 않을 것이다. 한국어로 문장을 주고서 상응하는 쌍쓰끄리땀 문장을 요구하는 일은, 염두에 두고 있는 쌍쓰끄리땀 문장의 내용과 구조를 지문 안에서 함축적으로 나타낼 수가 없기 때문이다.

▷ 03.03(01) 배우지 못한 자가 진리가 아닌 것을 자꾸 자꾸 말한다.

apaṇḍito 'satyaṃ punaḥ punar vadati.

▷ 03.03(02) 사제들은 일 년 동안 공물만(eva)을 요구한다.

brāhmaṇāḥ saṃvatsaram upahāram eva pṛcchanti.

▷ 03.03(03) 영웅과 현자인 왕(두 사람)은 사원으로 간다.

vīraś ca paṇḍito nṛpaś ca devālayaṃ gacchataḥ.

▷ 03.03(04) 거기에서 원숭이들은 막대기들을 던지고 뛰어다니고 논다.

tatra vānarā daṇḍān kṣipanti (ca) skandanti (ca) krīḍanti ca.

▷ 03.03(05) 두 사제는 일 년 동안 말하고(√bhāṣ) 쓴다.

brāhmaṇau saṃvatsaraṃ bhāṣete likhataś ca.

▷ 03.03(06) 하인들은 왕에게 (왕을 향해) 인사한다. 하지만 왕은 하인들에게 인사하지 않는다.

sevakā nṛpaṃ prati namanti. nṛpas tu sevakān prati na namati.

▷ 03.03(07) 이 세상에서(iha) 스승은 말하고 학생들은 적는다는(iti) 다르마를 현자가 지적한다(√diś).

ācāryo bhāṣata iha śiṣyāś ca likhantīti dharmaṃ diśati paṇḍitaḥ.

▷ 03.03(08) 사람들이 해와 달을 가리킨다.

janāḥ sūryaṃ candraṃ ca diśanti.

▷ 03.03(09) 우리 둘은 집을 원한다고 두 상인은 신에게 말한다.

gṛham icchāva iti vaṇijakau devaṃ vadataḥ.

▷ 03.03(10) 영웅 날라(nala)는 현명한 사제에게 다르마에 대하여 묻는다.

vīro nalaḥ paṇḍitaṃ brāhmaṇaṃ dharmaṃ prati pṛcchati.

제4과

संस्कृतवाक्योपक्रिया

※04.04 쌍쓰끄리땀에서는 불규칙 곡용 명사가 드물다. 그런데 여기에 해당하는 명사인 path. [m.] “길, 과정”이라는 명사가 *Muṇḍaka-Upaniṣad* 3.1.6의 원문에 등장하고 있기 때문에 24과가 끝나는 자리(☞✤24.38)에 이른 이후에 독자들은 명확하게 이 우빠니샫 원문의 해독에 도전할 수 있을 것이다.

※04.06 동사말뿌리 √mṛj에서 만들어진 과거형 3인칭 단수가 amārṭ이라는 사실은 무시하기 바란다.(☞✤12.01 이하) 현재로서 중요한 사실은 동사말뿌리에 이미 나타나 있던 -ṛj형태가 최종적인 다된말에서 rṭ형태로 남게 된 경우이기 때문에 자음 -ṭ가 다된말에서 탈락하지 않고 -r와 함께 남아 있게 되었다는 사실이다.

※04.07(03) 이 대목에서 진짜말끝에 올 수 없는 소리 -j는 진짜말끝에서 -k가 될 수도 있고 -ṭ가 될 수도 있다고 설명되고 있다. 두 가지 가능성이 제시되어 있으니 독자들은 어떤 경우에 어느 가능성을 택해야 하는지를 물을 것이 당연하다. 하지만 어느 편의 가능성을 선택하는지는 결국 쌍쓰끄리땀을 사용하던 화자들의 의식적 내지는 무의식적 결정에 따라야 할 것인데, 이러한 결정이 내려지는 과정에는 음운론적이거나 형태론적인 법칙으로 일반화시켜 규정할 수 있는 것 이상의 많은 요소들이 개입된다. 다시 말해서 비슷한 다른 말의 경우라고 연상되는 어형이 있어서 그것을 따르는 경우라던가 하는 경우에는 하나의 법칙으로 설명하기 어려운 요소들이 개입된다. 처음 쌍쓰끄리땀을 배우는 학생들에게는 이러한 설명들이란 결국 법칙이 없다는 설명과 마찬가지가 되고 만다.

※04.08 아래 표는 우리가 배운 쌍쓰끄리땀의 소리들을 모두 모아서 하나의 표에 제시한 것이다.

표04.03

입열은소리	ḥ				h	ṃ		a	ā		
무른곳소리		ka	kha	ga	gha	ṅa					
굳은곳소리	śa	ca	cha	ja	jha	ña	ya	i	ī	e	ai
혀말은소리	ṣa	ṭa	ṭha	ḍa	ḍha	ṇa	ra	ṛ	ṝ		
이빨소리	sa	ta	tha	da	dha	na	la	ḷ			
입술소리		pa	pha	ba	bha	ma	va	u	ū	o	au

우선 발성의 위치에 따라 소리들을 정리하고, 그리고 나서 발성의 방식에 따라 구분한 정열의 논리를 독자들은 이해할 수 있을 것이다. 유성음 h가 무성음 ḥ와 같은 위치에 있어야 하겠지만, 표를 일목요연하게 만들지 못하게 되는 문제가 있어서 울림소리이자 거센소리들이 자리 잡은 열에 따로 배치하였다. h가 발성의 정확한 속성을 반영하는 방식으로 제시된 것은 아니지만, 싼디 현상들을 이해하는 맥락에서는 표기된 위치에 포함시켜 생각해 보는 것이 도움이 된다. 단 h가 울림소리라는 사실에, 실제로 우리가 이 소리를 울림소리로 발성하지 못하기 때문에, 특별히 주의해야 한다.

모음 e, o, ai, au는 싼디에서 나타나는 변형에 따라 이해하기 쉽도록 배치한 것이다. 이제 이 표를 가지고 ✣04.07에 제시된 싼디 규칙을 이해하도록 해 보자. 자음들 중에 굵은 칸 안에 굵게 적힌 글자가 아닌 경우에는 진짜말끝에 나타날 수가 없으니 표04.02에서 가장 간단한 방식으로 최소한의 거리를 움직여서 대체될 수 있는 소리로 바뀌어야 한다.

우선 ca-varga에서만 안울림 안거센소리가 진짜말끝에 올 수 없는 구조로 되어 있다는 것이 눈에 들어온다. 따라서 ca-varga가 아닌 다른 무리에 속하는 소리들은 각 무리에 속하는 안울림 안거센소리로 옮겨가면 된다. 즉 표에서 행을 타고 왼쪽으로 옮겨가서 가장 가까운 소리로 변하면 된다: ✣04.07(01).

c는 표에서 바로 윗칸의 k로 옮겨간다: ✤04.07(02).

j는 바로 윗줄로 옮긴 후에 왼쪽의 k가 되는데, 드물게 아랫줄로 옮겨가는 경우도 있어서 ṭ가 되기도 한다: ✤04.07(03).

ś는 윗줄로 옮긴 후에 가까운 k로 바뀐다. 드물게 아랫줄로 옮겨가면 ṭ가 된다: ✤04.07(04).

ṣ는 바로 옆의 ṭ가 되는데, 드물게 ṭ보다 위에 있는 다른 가능한 소리 k가 되기도 한다: ✤04.07(05).

※04.11(03) -n + ś-의 싼디에서는 문법전통의 이론상으로는 그리고 원칙적으로도 -ñ ś- 싼디의 가능성을 열어두는 것이 맞지만, 실제로 이렇게 싼디가 이루어지는 것을 보는 것은 거의 불가능하다.

※04.11(04) 이 싼디의 경우에는 이론적이라기보다는 표기상의 기술적인 문제들이 있다. anusvāra는 데바나가리 등의 북인도 문자들에서 앞서가는 모음의 위에 점으로 표기되는데 — 예로 aṃ의 경우 अं — 기본적으로는 앞서가는 모음의 콧소리됨을 나타낸다. anusvāra라는 이름 자체를 '뒤따라 울리는 소리'를 의미하는 말이라고 이해한다면 정확하다고 할 수 있을 것이다. 이와는 달리 아누나씨까(anunāsika)는 음소들 중에서 입과 코를 통해 동시에 발음되는 것으로 온전한 콧소리라는 것이 빠니니에 의해 명확하게 규정되어 있다(Pāṇini 1.1.8). 이 둘을 표기상 문자들의 차이로 이해하는 경우도 있지만, 근본적으로 이 둘을 구분해야 한다는 입장에 서서 보면 이 둘의 발음상의 차이가 분명하게 있다고 인정하고 이것을 별도의 문자적 장치를 통해 일관되게 구분해서 표기해야만 할 필요가 있다. 일반적으로 말할 수 있는 것은 anusvāra나 anunāsika 모두 앞서가는 모음의 콧소리된 발음을 나타내는 것에는 차이가 없다. 이 둘을 별도로 구분해서 표기해야 하는 독립된 음소로 간주할 것인지의 문제는 복잡한 문제이다. (『빠니니 읽기』 §§206-207 참조) '코를 통해 나는 소리'라는 뜻으로 'anunāsika'를 이해하면, 자음의 발성위치에 따라 구분되는 다섯 무리의 같은 무리(savarṇa)들마다 존재하는 콧

소리(nasal)들이 여기에 해당되는 소리가 된다. 예로 여린곳소리(guttural)인 k, kh, g, gh에 해당하는 콧소리가 ṅ인데 이 ṅ이 여린곳소리의 콧소리이다. 그런데 문제는 많은 경우 콧소리들이 주변의 다른 음소들에 따라 음가가 변하는 특성을 가지고 있어서 실제로 anusvāra와 anunāsika의 구분이 구체적인 경우에 어떻게 이루어질 수 있는지 논란거리가 될 수 있다는 사실이다. 예를 들어 단어의 끝에 오는 m이 싼디를 적용받는 상황을 생각하면 쉽게 이해가 될 것이다. 첫째, 콧소리는 자주 그 뒤에 따라오는 터짐소리의 발성 위치에서 발성되는 콧소리로 변형되어 발음된다. 따라서 뒤따라 오는 터짐소리와 같은 무리의 콧소리로 바뀌는 것과 마찬가지의 결과를 낳게 된다. 둘째, 하지만 문제는 뒤에 따라오는 음이 갈이소리이거나 반모음인 경우에는 상황이 달라진다. 터짐소리와 달리 갈이소리나 반모음에서는 발성 위치에서의 발성기관의 접촉이 우선 일어나고 나서 발성이 일어나는 것이 아니어서, 콧소리도 해당되는 발성 위치에서 일어나는 발성기관의 접촉에서 생기는 영향을 받지 않기 때문이다. 발성기관이 열린 채로 콧소리가 발성될 수 있는 상황이 되는 것이다. 첫 번째의 경우라면 정확하게 따져서 각 같은 무리에 해당하는 콧소리가 되는 것이라고 간단하게 이해하면 해결될 수 있다. 물론 표기 방식은 이러한 음가의 변화를 무시하는 방식을 택할 수도 있다. 그렇지만 두 번째의 경우는 심각한 문제가 된다. 두 번째의 경우에서 나타나는 콧소리를 앞선 모음의 단순한 콧소리됨으로 이해할 것인지 아니면 무엇인가 독립적인 위치를 갖는 독자적인 음소로 이해할 것인지가 문제가 되는 것이다. 이러한 맥락에서 l 앞에 오는 n이 동화되고 또 비음화된 경우를 anusvāra로 표시하는 것에도 이론적인 정당성이 있다. 따라서 실제로 필사본들에 표기할 때에는 -ṃ + l이나 -m̐ + l 이나 -m̐l + l 이 모두 나타나며 이것들 모두 이론적으로 가능한 형태들이라고 보아야 한다. 학습의 편리를 위해 본 교재에서는 -ṃl l- 표기를 선택하고자 한다.

※04.13. -n의 뒤에 삽입되는 갈이소리를 보면 각 갈이소리가 뒤따르는 소리와 같은 무리에 속하는 소리라는 사실을 표04.02에서도 확인할 수 있다.

※04.15 indro vajreṇa vṛtram amitraṃ mārayati.에서 vajra의 수단격 단수는 *vajrena가 아니고 vajreṇa가 된다. 이에 대해서는 앞으로(↳✣05.09) 배우게 될 것이다.

※04.17 vṛtro hata indreṇety upadiṣṭāḥ śiṣyā vaidikaiḥ.는 vṛtraḥ-hataḥ-indreṇa-iti-upadiṣṭāḥ-śiṣyāḥ-vaidikaiḥ이다. 한국어 번역에서는 수동 표현을 사용하지 않는 것이 자연스러운 까닭에 수동 문장을 능동 문장으로 바꾸어 번역을 하는 편이 자연스러우며, 일반적인 번역의 방식이기도 하다. 여기에서 indra의 수단격이 *indrena가 아니고 indreṇa인 것도 앞으로(↳✣05.09) 배우게 될 것이다.

※04.24 Gaṇeśa는 장애물을 관장하는 신으로 간주된다. 따라서 인도에서는 어떤 일을 새로 시작할 때, 예로 어떤 책 한 권을 필사하는 일을 시작할 때 그 일이 끝날 때까지 일의 진행을 방해하는 장애가 되는 상황이 생겨나지 않도록 Gaṇeśa에게 경배하는 것이 관행이다.

불교도들에게는 모든 일에 앞서서 붇다에게 경의를 표하는 것이 관행이 된다.

※04.25 nṛpaḥ puruṣaiḥ saha narakāyeva nagarāyāgacchati. "왕은 부하들과 함께 지옥과 같은 도시로 온다."는 nṛpah-puruṣaiḥ-saha-narakāya-iva-nagarāya-āgacchati로 끊어 읽는 것이 맞다.

※04.30 인도 문법전통에서 곡용을 통해 다된말이 되는 말들, 즉 명사와 형용사를 subanta라고 한다. 이 말은 명사격뒷토(sUP)를 뒤에 붙여서 다된말이 되는 말들이라는 뜻이다. 이것과 대조되는 것은 동사의 활용을 통해서 다된말이 되는 것들인데 이것을 인도 문법전통에서 tiṅanta라고 한다. 이 말은 동사인칭뒷토(tiṄ)를 뒤에 붙여서 다된말이 되는 말이라는 뜻이다. subanta

나 tiṅanta라는 용어는 모두 bahuvrīhi-겹낱말인데 이것에 대해서는 나중에 (☞✤21.01) 배우게 될 것이다.

이렇게 활용이나 곡용을 통해 다된말이 되는 것이 아니고 말 자체가 변화되지 않아도 다된말이 되는 것들이 있는데, 부사나 불변화사나 부치사 등을 들 수 있겠다. 이것을 avyayapada라고 한다.

따라서 우리가 유럽의 문법전통에서 익숙한 방식으로 각 단어의 품사를 따지고 익혀서 공부하는 방식으로 쌍쓰끄리땀을 대하는 것은 좋은 방법이 못 된다. 인도 전통에서 간혹 단어의 종류를 subanta와 tiṅanta와 avyayapada로만 나누는 경우가 있다고 해도 충분한 설득력이 있는 체계라고 할 수 있다. 형용사와 명사를 나누는 것이 의미가 없다면 결국 "곡용되는 단어"로 분류하고 익히는 것이 훨씬 효율적인 방식일 수 있기 때문이다. 이론적으로 따지자면 형태론적인 구분인지라 구분의 기준 자체가 다르다고 할 수 있는데, "곡용되는 단어"(subanta)들을 개별적으로 우리들에게 익숙한 품사 구분에 따라 명사, 형용사 등으로 구분하는 것은 문장에서의 쓰임에 따라 구체적으로 판단해야 할 일이다. 필자는 낱말 목록을 제시할 때 단순하게 subanta와 tiṅanta와 avyayapada로 나누어 제시하지는 않고, 우리에게 익숙한 품사의 구분을 반영했다. 하지만 낱말 목록에 형용사로 표시된 단어가 명사로 사용되는 것이 가능하다는 것은 따로 표시할 필요조차 없는 내용이다. 이러한 용례를 가진 형용사의 경우에 형용사의 명사적인 용례로 볼 것인지 아니면 별도의 명사로서의 기능이 있다고 판단할 것인지는 기계적으로 접근할 수 있는 문제가 아니다. 시대적으로 그리고 텍스트의 종류에 따라, 또 지역적으로 차이와 변화가 있어 왔기 때문이다.

연습문제 풀이

▷ 04.01 다음 각 구절에 싼디를 적용하시오.

▷ 04.01(01) paṇḍitaḥ-bhagavān-tatra-arthān-śāstrān-likhati-iti

paṇḍito bhagavāṃs tatrārthāñ chāstrāṃl likhatīti.

▷ 04.01(02) paṇḍitān-śiṣyān-cāpalān-śobhanān-janān-ca-eva-iti

paṇḍitāñ chiṣyāṃś cāpalāñ chobhanāñ janāṃś caiveti.

▷ 04.01(03) bhagavān-ṭiṭṭibhān-ḍuṇḍurān-labhate-āgacchati-eva-iha-ca-iti

bhagavāṃṣ ṭiṭṭibhāṇ ḍuṇḍurāṃl labhata āgacchaty eveha ceti.

▷ 04.01(04) ṛṣiḥ-rathaiḥ-aśvaiḥ-ratnāni-āhārān-śāstrāni-upahārān-tān-ca

ṛṣī rathair aśvai ratnāny āhārāñ chāstrāny upahārāṃs tāṃś ca.

✔ aśvair에서 -r이 탈락해도 그 앞의 모음 ai는 그 자체가 긴 모음이고 복합 모음이기 때문에 다시 더 길게 만들 수가 없다. 쌍쓰끄리땀에서 *aī 라는 모음은 존재하지 않는다.

▷ 04.01(05) nṛpau-aśvān-tau-uṣṭrān-śaśān-chattrān-ca-tasmai-īśvarāya-iha-manyete

nṛpāv aśvāṃs tāv uṣṭrāñ chaśāṃś chattrāṃś ca tasmā īśvarāyeha manyete.

▷ 04.01(06) daṇḍān-tigmān-tu-eva-uṣṭrān-gṛhān-ca-bhagavan-asti-eva

daṇḍāṃs tigmāṃs tv evoṣṭrān gṛhāṃś ca bhagavann asty eva.

▷ 04.02 다음 이야기를 한국어로 옮기시오. (cāpala-vānara-kathā 2/2)

▷ 04.02(01) tatra stambhaḥ kāṣṭhena sthāpitaḥ. atha vānaras tu vadati, aho iha kāṣṭham astīti. vānaraś ca manyate kiṃ kāṣṭheneheti. vānaro mitrebhyo vacanaṃ vadati, he kāṣṭhena krīḍāmīti. vānaraś ca hastābhyāṃ kāṣṭham uddharati. stambhās tatra nipatanti. atraiva cāpalena[1] vānareṇa saha vānarā mriyante. atha cāpalo mitro 'mitro bhavatīti manyāmahe.

거기에는 기둥이 나뭇조각으로 고정되어 있었다. 그런데 원숭이가 말했다. "어이, 여기 나뭇조각이 있다."라고. 그리고 원숭이는 생각한다. "나뭇조각이 무슨 소용인가!"라고. (kāṣṭhena-iha-iti) 원숭이는 친구들을 향해 이런 말을 한다. "어이, 나는 나뭇조각을 가지고 논다." 그리고 원숭이는 두 손으로 나뭇조각을 들어올린다. 기둥들이 그곳에서 떨어져 내린다. 바로 거기에서 경솔한 원숭이와 함께 원숭이들이 죽는다. 그래서 우리들은 "경솔한 친구는 친구가 아니다."라고 생각한다.

▷ 04.03 아래의 문장들을 한국어로 옮기시오.

▷ 04.03(01) kiṃ dhanena dānena ca?

재산이며 선물이 무슨 소용인가?

▷ 04.03(02) vīrau brāhmaṇābhyāṃ saha nagarāya gacchataḥ.

두 용사가 두 사제와 함께 도시로 간다.

▷ 04.03(03) daivena vṛtro mriyata ity ācāryair upadiṣṭam.

---

1 이 cāpalena를 "경솔함 때문에"라고 해석하는 것도 문법적으로 불가능한 것은 아니다. 하지만 뒤따르는 명사 vānareṇa와의 일치에 근거해서 "경솔한 원숭이와 함께"라고 해석하는 편이 자연스럽다. 만약 "경솔함 때문에"를 표현하고자 한다면 이 경우에는 cāpalād vānareṇa saha ... 라고 표현했을 것이다.

운명 때문에 브리뜨라가 죽었다고 스승들이 가르친다.

▷ 04.03(04) yajñāyāśvā brāhmaṇair hatā iti vaṇijako mitre bhāsate.

제사를 위해 말들이 사제들에 의해 죽여졌다고 상인이 두 친구에게 말한다.

▷ 04.03(05) paṇḍitebhyo puruṣebhyo nalo rocate.

현명한 사람들은 날라를 좋아한다. (←날라가 현명한 사람들의 마음에 든다.)

▷ 04.03(06) upahārair vinā devā amitraṃ na jayanti.

제물들 없이 신들은 적을 이기지 못한다.

▷ 04.03(07) vaidika ācāryaḥ śiṣyebhyo dharmam upadiśati.

베다 전문가인 스승은 제자들에게 다르마를 가르친다.

▷ 04.03(08) apaṇḍitau dhanāya yajete, yajñena tu brāhmaṇa eva dānaṃ jayate.

두 어리석은 자는 재산을 얻고자 (제사의 주최자로서) 제사를 지낸다. 하지만 제사를 통해 사제만 사례금(성금)을 얻는다(Ā.).

▷ 04.03(09) oṃ indrāya nama iti vīro nṛpo vadati brāhmaṇaiś ca sārdhaṃ svargāya yajñaṃ karoti.

용감한 왕은 "인드라에게 경배를 올리노니!"라고 말하고 사제들과 함께 하늘나라(에 가기)를 위해 제사를 지낸다.

▷ 04.03(10) vīre iha mitre sumukhān sevakāṃl labhete.

여기에서 용감한 두 친구가(-e 양수 싼디 예외, ✎✤02.20) 잘 생긴 하인들을 얻는다.

제5과
संस्कृतवाक्योपक्रिया

※05.01(02) 인도 철학사에서 중요한 위치를 차지하는 철학자 "딕나가"의 경우 표기가 Dignāga로 나타나는 경우도 있고 Diṅnāga로 나타나는 경우도 있는데, dik-nāga의 결합이 만든 두 가지 가능성이라고 생각을 하면 되겠다. 물론 이 경우는 고유명사이기는 하지만 겹낱말의 싼디가 외부싼디 규칙을 따른다는 사실을 고려하면 같은 음운변화의 과정을 반영한 것이라 생각해도 될 것이다. 따라서 Dignāga가 맞는지 Diṅnāga가 맞는지의 질문은 우문인 셈이다. 다만 어떤 방식의 표기를 택하든 하나의 글 안에서는 일관되게 한 방식의 싼디 규칙을 지키는 표기를 해야 할 것이다.

※05.02(02) 이론적으로 그리고 원칙적으로 t-ś → -c ś-의 가능성을 열어두는 것이 맞지만 실제로 이런 경우를 보는 것은 거의 불가능하다.

※05.07 같은 가로줄에 자리 잡은 소리들은 발음의 위치가 같은 소리들이다. 그리고 이것들을 무리지어 같은 무리(varga)로 간주한다. 그리고 같은 세로줄에 위치한 소리들은 각 소리를 발성하는 방식이 같은 소리들이다. 따라서 진짜말끝에 오지 못하는 소리가 진짜말끝에서 어떤 소리로 변해야 하는지에 대해 이해할 수 있는 좋은 방법은 이 표에 등장하는 해당되는 소리가 어떻게 같은 가로줄 혹은 같은 세로줄에 속하는 가장 가까운 소리로 변화하는지를 살펴보는 것이다. 앞선 다된말의 끝소리인 안울림소리가 울림소리가 되어 동화되는 것이 일반적인 싼디의 모습인데, 싼디가 적용되는 소리가 어떤 가까운 울림소리로 바뀌어 가는지를 표04.02에 나타난 소리들 사이의 거리와 차이에 따라 다시 확인해 보는 것은 유용한 일이다. -t가 울림소리 앞에서 -d가 되는 것은 바로 t와 d가 같은 무리에 속하기 때문이고, 같은 안거센소리에 속하기 때문이다. c-앞에서 -ḥ가 -ś로 바뀌는 일도 ś와 c가 같은 무리에 속하는 소리여서 혀가 다른 위치로 이동하지 않고 한 곳에서 함께 발음을 할 수 있기 때문이다. ✤05.04에 설명된 싼디 현상도 똑같은 방식으로 이해해 보도록 하라.

※05.08 이 두 가지의 혀말은소리가 되는 경우를 가리키는 말로 "nati"라는 용어가

종종 쓰인다. “굽힌다”라는 의미의 말을 이빨소리가 혀말은소리로 되는 현상(dantyasya mūrdhanyāpattiḥ)을 나타내는 전문용어로 사용하는 것이다.

흔하게 사용되는 “열반”(涅槃)이라는 말의 원어인 “nirvāṇa”의 표기에는 n이 아니라 ṇ이 사용된다. 비슷한 형태로 다른 단어인 nivanā의 경우에는 ṇ이 사용되지 않는다. 결국 r이 n을 ṇ으로 바꾸는 셈이다.

※05.09 n에 nati가 적용되는 구조를 표04.02를 통해서 살펴본다면 다음과 같다. 우선 아래 표05.04에서 두 줄로 표시된 칸 안에 들어있는 소리들이 바로 nati를 만들어 내는 소리들이다. ṛ / ṝ / r / ṣ 모두 그 자체가 혀말은소리여서 뒤따라 나타나는 이빨소리 n을 혀말은소리로 바꾸는 것이다. 표에서 굵은 글씨와 밑줄로 표시된 소리들이 nati가 일어나기 위해 n의 뒤에 나타나야만 하는 소리들이다. 주로 모음과 반모음이라는 것을 알 수 있다. 그렇다면 중요한 것은 결국 앞선 ṛ / ṝ / r / ṣ와 n 사이에 들어가서 nati가 일어나지 않게 막을 수 있는 소리들이 무엇인가 하는 것이 될 것이다. 이렇게 ṛ / ṝ / r / ṣ가 n에 영향을 미치는 것을 막을 수 있는 소리들이 아래 표에서 진한 바탕색으로 표시된 칸 안에 있는 소리들이다.

표05.04

입열은소리	ḥ				h	ṃ		a	ā		
무른곳소리		k	kh	g	gh	ṅ					
굳은곳소리	ś	c	ch	j	jh	ñ	y	i	ī	e	ai
혀말은소리	ṣ	ṭ	ṭh	ḍ	ḍh	ṇ	r	ṛ	ṝ		
이빨소리	s	t	th	d	dh	n	l	ḷ			
입술소리		p	ph	b	bh	m	v	u	ū	o	au

이 표를 보면서 n이 ṇ으로 바뀌게 되는 조건이 아주 규칙적인 방식으로

구성된 것임을 파악할 수 있을 것이다. 현실적으로는 학습자들이 쌍쓰끄리땀을 배워 나가면서 n에 nati가 적용되는 것을 자주 접하게 되면, 은연중에 익숙하게 이 내용을 몸에 익히게 될 것이다.

※05.10 s가 ṣ로 바뀌는 nati의 규칙을 표04.02를 활용해서 파악해 보도록 하자. 아래 표05.05에서 두 줄로 표시된 칸 안에 있는 소리들이 s에 앞서 나타나야 하는 소리들이다. 이 소리들과 s 사이에서 s가 ṣ가 되는 것을 막지 않는 소리들이 딱 둘이 있는데, 바로 ḥ와 ṃ이다. 이 두 소리가 바탕색이 있는 칸 안에 있다. 따라서 s의 경우에는 s의 앞에 ḥ / ṃ 이외의 다른 소리가 끼어든다면 nati가 일어나지 않는다. s의 nati가 일어나기 위해서 s의 뒤에 나타나야 하는 소리들이 표에서 굵은 글씨와 밑줄로 표시되어 있다. 한 번에 눈에 들어오지 않을 것인데, 학습자가 주목해야 하는 대목은 s의 뒤에 모음 ṛ가 나타나면 nati가 일어나지 않는다는 사실이다.

표05.05

입열은소리	ḥ				h	ṃ		**a**	**ā**		
무른곳소리		k	kh	g	gh	ṅ					
굳은곳소리	ś	c	ch	j	jh	ñ	**y**	**i**	**ī**	**e**	**ai**
혀말은소리	ṣ	ṭ	ṭh	ḍ	ḍh	ṇ	r	ṛ	ṝ		
이빨소리	s	**t**	**th**	d	dh	**n**	l	**ḷ**			
입술소리		p	ph	b	bh	**m**	**v**	**u**	**ū**	**o**	**au**

※05.17 ity arthaḥ는 "~라는 뜻이다, ~을 가리킨다"라는 의미로 자주 사용되는 표현이다. 직접 가리키는 사태나 대상(artha)을 말하는 경우에 자주 사용된다. 이와는 다르게 맥락에 따른 내용을 설명할 때에는 iti bhāvaḥ "~라는 의미이다, ~라는 뜻을 담고 있다"라는 표현을 사용한다.

※05.25 위함격의 의미로 사용되는 가짐격은 시기적으로 후대로 가면서 사용 빈도가 더 높아진다.

연습문제 풀이

▷ 05.01 다음 각 구절에 싼디를 적용하시오.

▷ 05.01(01) atra-eva-mohāt-cāpalāt-lobhāt-haṃsāt-chattrāt-janāt-ṭiṭṭibhāt-śāstrāt-ca-iva

atraiva mohāc cāpalāl lobhād dhaṃsāc chattrāj janāṭ ṭiṭṭibhāc chāstrāc ceva.

▷ 05.01(02) san-śobhanāt-śiṣyāt-vākyāt-yuddhāt-mitrāt-āyatanāt-daivāt-ḍambarāt-ca-eva

sañ chobhanāc chiṣyād vākyād yuddhān(/yuddhād) mitrād āyatanād daivāḍ ḍambarāc caiva.

▷ 05.01(03) aham-mama-eva-ācāryān-śiṣyau-uṣṭrāt-lobhāt-ṭiṭṭibhāt-śobhanāt-haṃsāt-jalāt-śastrāt-loke-arakṣat

ahaṃ mamaivācāryāñ chiṣyāv uṣṭrāl lobhāṭ ṭiṭṭibhāc chobhanād dhaṃsāj jalāc chastrāl loke 'rakṣat.

▷ 05.01(04) samyak-bhavān-tvat-ca-mat-ca-eva-atrasat-śobhanāt-iti-uṣṭrāya-tasmai-iha-avadat-cāpalaiḥ-ca-taiḥ-rāmaḥ-ajānāt-ca

samyag bhavāṃs tvac ca mac caivātrasac chobhanād ity uṣṭrāya tasmā ihāvadac cāpalaiś ca tai rāmo 'jānāc ca.

▷ 05.01(05) tat-hi-loke-eva-chāgān-ṣaṭ-haṃsān-ca-tat-śobhanaḥ-diggajaḥ-asurāt-mārāt-cāpalāt-janāt-ca-iha-arakṣat tad dhi loka eva cchāgān ṣaḍ ḍhaṃsāṃś ca tac chobhano diggajo 'surān (/'surād) mārāc cāpalāj janāc cehārakṣat.

▷ 05.02 아래의 문장들을 한국어로 옮기시오.

▷ 05.02(01) devālayād dūraṃ vaṇijako daṇḍena vānarau tudati sma.

사원에서 멀리 떨어져서 상인은 몽둥이로 두 원숭이를 때렸다.

▷ 05.02(02) sumukhau vīrau ca janau narakāt svargaṃ gacchataḥ.

잘생기고 용감한 두 사람이 지하 세계에서 하늘나라로 간다.

▷ 05.02(03) brāhmaṇebhyo 'parāḥ puruṣā devān api na paśyanti.

사제가 아닌 다른 사람들은 신들조차도 (눈으로) 보지 않는다/못한다.

▷ 05.02(04) cāpalāt tu vākyād mitrāṇy evāmitrāṇi bhavanti sma.

그런데 경솔한 말 때문에 친구들이 곧 친구들이 아니게 되었다.

▷ 05.02(05) ācāryasya vacanena mama vīraṃ mitraṃ yuddhena vinā sumukhair dūtaiḥ saha nṛpasya mārgeṇa nagarasya dvāraṃ gacchati sma.

스승의 말 때문에 내 용감한 친구는 싸움 없이 잘생긴 전령들과 함께 왕의 길을 통해 도시의 입구로 갔다.

▷ 05.02(06) nalasya tulyo nāstīha nagare.

여기 도시에는 날라와 대등한 자가 없다.

▷ 05.02(07) yuṣmān naḥ sukhaṃ nāsti.

너희들 때문에 우리에게는 즐거움이 없다.

▷ 05.02(08) adya mayā vinā mama priyā gṛhaṃ gacchanti.

오늘, 나 없이 내가 좋아하는 사람들은 집으로 간다.

▷ 05.02(09) nṛpasya mūrkhaṃ mitraṃ devebhyo 'pi na bibheti.

왕의 어리석은 친구는 신들조차도 두려워하지 않는다.

D 05.02(10) brāhmaṇāḥ puruṣāṇām śreṣṭhā iti vayaṃ bhāṣāmahe.

"사제들은 사람들 중에서 최고다."라고 우리는 말한다.

D 05.02(11) dhūrtānāṃ vacanena mūrkho vaṇijako nagarād araṇyāya gacchati sma.

사기꾼들의 말에 따라 어리석은 상인은 도시에서 숲으로 갔다.

D 05.02(12) yuvābhyaṃ sahāvāṃ dhanāya yajāvaḥ. dhanaṃ tu na labhāvahe.

너희 둘과 함께 우리 둘은 재산을 (얻기) 위해 제사를 지냈다. 하지만 우리 둘은 재산을 얻지 못했다.

D 05.03 다음 이야기를 한국어로 옮기시오. (brāhmaṇa-dhūrta-kathā)

D 05.03(01) mūrkho brāhmaṇo nṛpasyāraṇye 'sti. atha brāhmaṇaś ca yajñasyārthaṃ grāmasya vaṇijakāc chāgaṃ labhate sma. ahaṃ grāmāc chāgaṃ skandhe nayāmi nṛpasyāraṇyāya cāgacchāmīti manyate sma.

왕의 숲에 어리석은 사제가 있었다. 그런데 사제는 제사를 지내기 위해 마을의 상인으로부터 염소를 얻었다. "나는 염소를 어깨에 (짊어져) 가지고 가서, 마을에서 왕의 숲으로 돌아가야겠다."라고 생각했다.

D 05.03(02) atha tri-dhūrtā brāhmaṇaṃ paśyanti sma. ahaṃ chāgam icchāmīti dhūrto 'nyau dhūrtau lobhād vadati. āvām api cchāgam icchāva ity ubhau bhāṣete. upāyena vayaṃ chāgaṃ brāhmaṇāl labhante, atha tu kim asmākam upāya iti manyante sma. tatkālaṃ dhūrto vadati he mitre 'dyopāyam eva labhe chāgasyārthaṃ ca śreṣṭham upāyam upadiśāmīti. dhūrto mitrābhyāṃ dhūrtābhyām upāyaṃ prati saṃvadati sma

그런데 세 사기꾼이 사제를 보았다. "나는 염소를 원한다."라고 한 사기꾼이 탐욕 때문에 다른 두 사기꾼에게 말했다. "우리 둘도 또한 염소를 원한다."라고 둘이 말했다. "요령을 통해서 우리들이 사제로부터 염소를 얻겠다. 그런데 하지만 무엇이 우리의 요령인가?"라고 그들은 생각했다. 그때에 한 사기꾼이 "어이 두 친구들, 지금 내가 요령을 알아냈다. 그리고 염소를 얻기 위한 최선의 요령을 내가 가르쳐 주마."라고 말했다. 사기꾼은 두 동료 사기꾼과 요령에 대해 의논을 했다.

05.03(03) tataḥ prathamo dhūrto brāhmaṇaṃ vadati, aho brāhmaṇa, kim iti tvaṃ kukkuraṃ skandhe nayasy āgacchasi ceti. kiṃ tvaṃ vadasi. tan na kukkuro 'sti. yajñasyārthaṃ chāgaḥ. kukkurāṃs tu naiva spṛśāmīti brāhmaṇo vadati.

그리하여 첫 번째 사기꾼이 브라흐만에게 말했다. "어이쿠, 사제여! 왜 당신은 개를 어깨에 짊어지고 오고 있습니까?" 라고. "당신은 무엇을 말하는 것인가? (당신이 말하는) 것은 개가 아니다. 제사를 위한 염소이다. 나는 결코 개들을 만지지 않는다."라고 브라흐만이 말했다.

05.03(04) paścād anyau dhūrtāv api brāhmaṇaṃ vadataḥ. he, kim iti kukkuraṃ tava skandhe nayasi. tvaṃ naiva brāhmaṇo bhavasīti. tato dhūrtasya vākyād brāhmaṇasya saṃśayo bhavati. āvayor grāme brāhmaṇaḥ kukkuraṃ na spṛśati kukkurād bibheti ca. kim iti tvaṃ kukkuraṃ na paśyasi skandhe 'pi nayasīti pṛcchataḥ punar dhūrtau. tato dhūrtasya vacanād mūrkhasya brāhmaṇasya moho bhavati sma.

이후에 다른 두 사기꾼 또한 브라흐만에서 말했다. "이보게, 왜 개를 너의 어깨에 짊어지는가? 너는 분명 사제가 아니다."라고. 그리하여 사기꾼의 말 때문에 브라흐만의 의심이 생겨났다. "우리 둘의 마을에서는 사제가 개를 만지지 않고 개를 무서워한다. 어째서 너는 개를 (알아)보지도 못하고 게다가 어깨에 매고 가는가?"라고 두 사기꾼이 또다시 물었다. 그리하여 사기꾼의 말 때문에 어리석은 브라흐만의 착각이 생겨났다.

▷ 05.03(05) mūrkhaś ca brāhmaṇaś cāpalena cchāgaṃ kṣipati manyate ca. kathaṃ mamendriyāṇi mohena hatāni. katham ahaṃ kukkuraṃ chāgaṃ paśyāmi. kukkurāṃś ca brāhmaṇā eva na spṛśanti. adya mamāndhatvāt kukkuraṃ spṛśāmi sma. tataḥ snānam icchāmi. snānasyārthaṃ gṛhāya gacchāmīti. dhūrtā upāyena mūrkhād brāhmaṇāc chāgaṃ labhante.

그리고 어리석은 브라흐만이 경솔하게도 염소를 던져버리고 그리고 생각했다. "어떻게 나의 감각기관들이 어리석음 때문에 망가진 것인가? 내가 어떻게 개를 염소로 본 것인가? 그리고 브라흐만들은 개들을 만지지 않는다. 나는 지금 내가 눈이 멀어서 개를 만졌다. 그러니 목욕(정화 의식)이 필요하다. 목욕(정화 의식)을 위해 집으로 가겠다."라고. 사기꾼들은 요령을 동원해서 어리석은 브라흐만으로부터 염소를 얻었다.

제6과

संस्कृतवाक्योपक्रिया

※06.02

-ā 끝모음명사 여성곡용 kathā [f.] "이야기"

격	약칭	단수	양수	복수
임자격	N.	kathā	kathe	kathāḥ
대상격	A.	kathām	kathe	kathāḥ
수단격	I.	kathayā	kathābhyām	kathābhiḥ
위함격	D.	kathāyai	kathābhyām	kathābhyaḥ
유래격	Ab.	kathāyāḥ	kathābhyām	kathābhyaḥ
가짐격	G.	kathāyāḥ	kathayoḥ	kathānām
곳때격	L.	kathāyām	kathayoḥ	kathāsu
부름격	V.	kathe	kathe	kathāḥ

※06.06

끝자음명사 한말줄기명사 남성곡용 bṛhat [a.] "높은, 위대한"

격	약칭	단수	양수	복수
임자격	N.	bṛhat	bṛhatau	bṛhataḥ
대상격	A.	bṛhatam	bṛhatau	bṛhataḥ
수단격	I.	bṛhatā	bṛhadbhyām	bṛhadbhiḥ
위함격	D.	bṛhate	bṛhadbhyām	bṛhadbhyaḥ
유래격	Ab.	bṛhataḥ	bṛhadbhyām	bṛhadbhyaḥ
가짐격	G.	bṛhataḥ	bṛhatoḥ	bṛhatām
곳때격	L.	bṛhati	bṛhatoḥ	bṛhatsu
부름격	V.	bṛhat	bṛhatau	bṛhataḥ

※06.07 "신"이라는 명사를 외울 때에는 단수 임자격 뒷토를 붙여서 "devaḥ"라고 외워야 한다. "phalam"이라고 외우는 것도 마찬가지이다. 그런데 글을 쓰거나 명사를 인용할 때에는 어떻게 할 것인지에 입장 차이가 있다. 어떤 학자들은 "신(deva)"라고 표기를 하지만 어떤 학자들은 "신(devaḥ)"라고 표기를 한다. 즉 말줄기를 그대로 인용 형태로 사용하는 사람들이 있고, 임자격의 형태를 인용 형태로 사용하는 사람들이 있다. 임자격의 형태를 사용하는 사람들은 서양고전학 전통에서 임자격을 인용의 형태로 사용하는 전통에 익숙한 사람들인 경우가 많다. 또한 논리적으로는 말줄기는 결코 다된말이 아니기 때문에 그 형태로 사용되거나 드러나는 일이 있을 수가 없다. 따라서 그 단어를 인용 형태로 사용하더라도 반드시 다된말이 이루어진 형태를 사용해야만 한다는 논리적인 주장이 가능하다. 인도 전통도 이에서 멀지 않다. 이와 달리 말줄기 자체를 인용 형태로 사용하는 사람들은 말줄기 자체가 명사로서의 의미를 담지하는 부분이어서 문제가 없을 것이며, 실제로 인도 문법전통에서도 이러한 인용 방식을 사용하는 경우가 있다는 근거를 들어 말줄기를 인용 형태로 사용하는 것에 문제가 없다는 의견이다. 이 두 의견 모두 나름대로의 논리가 있고, 또 따를 수 있는 입장이다. 필자는 말줄기를 인용 형태로 사용하고 있다. 결국 중요한 것은 어떤 방식을 택하더라도 그 선택의 의미를 이해하고 일관되게 한 입장을 따라야 한다는 것이다. 이러한 인용 형태에 대한 의식 없이 두 가지 방식을 섞어 가면서 글을 쓰는 일은 민망한 일이라고 할 수 있다.

※06.09

끝자음명사 한말줄기명사 여성곡용 bṛhat [a.] "높은, 위대한"

격	약칭	단수	양수	복수
임자격	N.	bṛhat	bṛhatau	bṛhataḥ
대상격	A.	bṛhatam	bṛhatau	bṛhataḥ
수단격	I.	bṛhatā	bṛhadbhyām	bṛhadbhiḥ
위함격	D.	bṛhate	bṛhadbhyām	bṛhadbhyaḥ
유래격	Ab.	bṛhataḥ	bṛhadbhyām	bṛhadbhyaḥ
가짐격	G.	bṛhataḥ	bṛhatoḥ	bṛhatām
곳때격	L.	bṛhati	bṛhatoḥ	bṛhatsu
부름격	V.	bṛhat	bṛhatau	bṛhataḥ

※06.13 인도 문법전통에서는 각 격뒷토를 부르는 이름을 만들어서 사용한다. 예로 단수 임자격의 격뒷토를 부를 때 "sU"라고 부른다. 아래 표에서 그 내용을 볼 수 있다.

빠니니의 격 이름	영어 격 이름	한국어 격 이름	격 이름 약칭	단수 격뒷토 이름	양수 격뒷토 이름	복수 격뒷토 이름
prathamā	nominative	임자격	N.	-sU	-au	-Jas
dvitīyā	accusative	대상격	A.	-am	-auṬ	-Śas
tṛtīyā	instrumental	수단격	I.	-Ṭā	-bhyām	-bhis
caturthī	dative	위함격	D.	-Ṅe	-bhyām	-bhyas
pañcamī	ablative	유래격	Ab.	-ṄasI	-bhyām	-bhyas
ṣaṣṭhī	genitive	가짐격	G.	-Ṅas	-os	-ām
saptamī	locative	곳때격	L.	-Ṅi	-os	-suP
	(vocative)	(부름격)	(V.)			

격뒷토의 이름들에서 대문자로 표시된 부분은 원래 격뒷토에 포함되는 부분이 아니고 격뒷토에 이름을 붙이기 위해 인공언어적으로 부가시킨 표지(index) 기능을 하는 소리이다. 이 표지는 해당되는 격뒷토가 어떤 문법적인 조작의 대상이 되는지를 나타내 주는 표식 역할을 하는 소리라고 생각하면 된다.

인도 문법전통에서 모든 명사격뒷토를 통틀어서 부를 때에는 첫째 격뒷토인 단수 임자격과 마지막 격뒷토인 복수 곳때격의 뒷토 이름을 나열해서 부른다. 부름격은 별도의 격이 아닌 것으로 간주되어 여기에서 고려되지 않는다. 즉 sU + suP = sUP이 되므로 "sUP"이라는 전문용어가 만들어지는데, 그 의미는 "명사격뒷토"이다.

※06.16

끝자음명사 한말줄기명사 중성곡용 bṛhat [a.] "높은, 위대한"

격	약칭	단수	양수	복수
임자격	N.	bṛhat	bṛhatī	bṛhanti
대상격	A.	bṛhat	bṛhatī	bṛhanti
수단격	I.	bṛhatā	bṛhadbhyām	bṛhadbhiḥ
위함격	D.	bṛhate	bṛhadbhyām	bṛhadbhyaḥ
유래격	Ab.	bṛhataḥ	bṛhadbhyām	bṛhadbhyaḥ
가짐격	G.	bṛhataḥ	bṛhatoḥ	bṛhatām
곳때격	L.	bṛhati	bṛhatoḥ	bṛhatsu
부름격	V.	bṛhat	bṛhatī	bṛhanti

※06.17 본 교재에서는 "법" 혹은 "서법"등의 용어를 되도록이면 사용하지 않도록 할 것이다. 활용이 특정한 형태에 따라서 이루어진다는 의미에서 "명령형"이라는 용어를 사용할 것이며 명령형이 갖는 의미에 대해 따로 "mood" 개념

을 동원해서 설명하지는 않을 것이다. 앞으로 동사의 다른 활용 형태들에 대해서도 같은 방식으로 설명해 나갈 것인데, 이 말은 "가상형"과 "가상형 활용"에 대해 설명을 할 것이며 "가상법"과 같은 용어는 피하게 될 것이라는 말이다.

※06.19

√gam 1P. [gacchati] "가다, 움직이다, ~한 상태가 되다"의 현재명령형 활용

	parasmaipada		
3.	gacchatu	gacchatām	gacchantu
2.	gaccha	gacchatam	gacchata
1.	gacchāni	gacchāva	gacchāma

√vad 1P.Ā. [vadati, vadate] "말하다"의 현재명령형 활용

	parasmaipada			ātmanepada		
3.	vadatu	vadatām	vadantu	vadatām	vadetām	vadantām
2.	vada	vadatam	vadata	vadasva	vadethām	vadadhvam
1.	vadāni	vadāva	vadāma	vadai	vadāvahai	vadāmahai

※06.21 명령형의 1인칭은 한국의 학습자들에게 쉽게 와닿지 않는 느낌이 강할 것이다. ▷18.03(01)에 나타나는 예로, kiṃ te karavāṇi? "당신을 위해(tvam의 위함격) 내가 무엇을 해야 합니까?"를 보고 또 ▷22.03(05)에 나타나는 예 dīvyāva "우리 둘이 견과윷 내기를 하자!"를 보면 좀 더 구체적으로 이해할 수 있을 것이다.

※06.27 ādau [adv.] "처음으로, 처음에"는 ādi [m.] "시작, 처음"의 곳때격인데 이 곡용은 ✣07.01에서 배우게 된다.

※06.33 인도 문법전통 안에서 부름격은 임자격의 특별한 용례와 형태로 다루어진다. 강세의 차이를 무시한다면, 문법적인 형태 면에서 단수에서만 임자격과 구별이 된다는 사실이 이러한 문법서술의 원인이 된 것으로 보인다. (☞✤ 04.03) 격의 수를 늘려서 언어체계의 서술을 복잡하게 하는 것보다 임자격과 거의 같은 형태를 갖는 특수한 용례라고 설명하는 편이 문법서술 체계의 효율성을 높이는 방식이라고 판단했던 것으로 보인다. 굳이 "부름격"에 해당하는 용어를 쌍쓰끄리땀으로 사용하고자 할 때에는 "sambodhana"라는 용어를 주로 사용하는데 이것의 연원은 빠니니가 부름격에 대한 언급을 했던 *Aṣṭādhyāyī* 2.3.47에서 찾을 수 있다. 8개의—빠니니의 방식으로는 7개의—격뒷토들 중에서 임자격이 사용되는 경우에는 명사말줄기가 갖는 의미 이외에 추가적인 의미를 격뒷토가 갖지 않는다고 빠니니가 설명하면서, 격뒷토가 문법적인 성구분과 수의 구별을 나타내 주는 역할을 한다는 점을 분명하게 밝히고 있다. 이어서 빠니니는 2.3.47에서 부름격, 보다 정확하게 말하자면 부름의 용례로 쓰이는 임자격의 경우에도 마찬가지라고 설명을 하고 있다. (☞✤ 06.28) 이렇게 *Aṣṭādhyāyī*에서 부름(격)의 경우가 따로 언급되어 있을 때 "sambodhana"라는 용어가 사용되었기 때문에 부름격을 부르는 이름으로 우리는 이 용어를 사용한다.

연습문제 풀이

▷ 06.01 아래의 문장들을 한국어로 옮기시오.

▷ 06.01(01) tatkālam asti nṛpo nalo nāma nagare.

그때에 "날라"라는 이름의 왕이 도시에 있었다.

▷ 06.01(02) niśāyām eva puruṣā vane na caranti.

사람들은 밤에는 숲에서 돌아다니지 않는다.

▷ 06.01(03) nalo nṛpo 'pi vedāñ jānāti.

날라는 왕이지만 베다들을 안다.

▷ 06.01(04) kim iti yūyaṃ daṇḍenāsmāṃs tudatha?

왜 너희들은 우리들을 막대기로 때리는가?

▷ 06.01(05) he bāla nama tavācāryāyeti vācaṃ śiṣyo dūrād bālaṃ bhāṣate.

"오 소년아, 너의 스승에게 인사를 해라!"라는 말을 학생이 멀리에서 소년에게 한다.

▷ 06.01(06) vanaṃ mā gaccheti paṇḍitasya vacanaṃ prati vīro bhavatv iti prativadati sma.

"숲으로 가지 말라!"는 현자의 말에 대해 전사는 "예!"라고 대답했다.

▷ 06.01(07) apīndro vṛtraṃ hantīti marut sarvavidaṃ pṛcchati sma.

"인드라가 브리뜨라를 죽이는가?"라고 (바람의 신) 마룻이 모든 것을 아는 자에게 물었다.

▷ 06.01(08) mama putra tava putro gṛhe vedān paṭhatu yajñe devebhyo namatu ca.

내 아들아, 너의 아들이 (즉, 말하는 이의 손자가) 집에서 베다를 읽고 제사에서 신들을 경배하게 해라!

▷ 06.01(09) bhṛśena marutā stambhau kṣetre nipatataḥ.

강한 바람에 의해 두 기둥이 들판에 쓰러진다.

▷ 06.01(10) yuddhe vīraḥ kṣatriyo 'mitrāṇi hanti.

전투에서 용맹한 전사가 적들을 죽인다.

▷ 06.01(11) vaṇijako mūrkhe sevake krudhyati sma.

상인은 어리석은 하인에게 화가 났다.

▷ 06.02 다음 이야기를 한국어로 옮기시오. (mūṣikā-kanyā-kathā 1/2)

▷ 06.02(01) asti śreṣṭho mahāsiddho dvijo 'raṇye vasati sma. gaṅgāyāṃ ca dine dine snānasyārtham eva gacchati sma. tatra bālā mūṣikā kākasya pādābhyāṃ mahāsiddhasya dvijasya hastayor nipatati. mahāsiddho mūṣikāṃ hastayor vṛkṣasya mūle harati punaś ca snānaṃ karoti sma.

옛날 옛적에, 매우 뛰어난 경지에 이른 사제(dvija)가 숲에 살았다. 그리고 그는 날마다 목욕을 하기 위해서 강가강으로 갔다. 그곳에서 덜 자란 생쥐가 까마귀의 두 발로부터 경지에 이른 사제의 두 손에 떨어졌다. 경지에 이른 자는 그 쥐를 두 손으로부터 나무뿌리 위에 옮겨 놓고 다시 목욕을 했다.

✔ 나무뿌리가 수평에 가깝게 자라는 나무들의 경우에는 나무뿌리가 앉기에 좋은 자리가 된다.

▷ 06.02(02) mahāsiddhaś ca gṛhaṃ gacchati kiṃ tu punaś cintayati. kathaṃ bālāṃ mūṣikāṃ tyajāmi gṛhaṃ cāgacchāmi sma. cāpala eva bhavāmi. mūṣikā tatra jagadbhyo bibheti. mamaivāndhatvāc cāpalo 'stīti. mamācāryo dine dina upadiśyati smāhiṃsā paramaṃ dānam ahiṃsā paramaṃ tapa iti. kim adya mamāndhatvam iti manyate mahāsiddho dvijaḥ.

그리고 경지에 이른 자는 집으로 갔지만, 다시 생각한다. "어떻게 내가 어린 생쥐를 버리고 집으로 왔단 말인가? 나는 정말 경솔하다. 생쥐가 산 것들(혹은 세상)을 저기에서 무서워하고 있다. 바로 나 자신의(mama-eva) 앞을 보지 못함에서 비롯된 경솔함이 있구나!"라고. "나의 스승은 날마다 '불살생은 최고의 베푸는 일이고 불살생은 최고의 고행이다.'라고 가르쳤다. 지금 나의 (앞을 보지 못함→) 어리석음은 무엇이란 말인가?"라고 경지에 이른 사제는 생각했다.

✔ mamācāryo dine … adya manye 부분이 뒤따르는 iti manyate의 내용이다. 그런데 이 iti로 표시된 경지에 이른 사제(mahāsiddho dvijaḥ)가 생각하는 내용 안에, 다시 그의 스승이 가르친(ācārya upadiśati) 내용을 ahiṃsā paramaṃ … paramaṃ tapas라고 제시하고 이것을 iti로 표시해 두었다. iti에 포함된 어절 안에 다시 iti 어절이 포함되어 있는 예이다.

▷ 06.02(03) mahāsiddhaś ca mūṣikāyai punar āgacchati sma. he bāle mūṣike, mā vaseha, mā mriyasva. adya tvāṃ rakṣāmīti vadati sma. mūṣikāṃ ca gṛhaṃ harati. paścād mama bhāryā kanyayā vinā bhavati sma. adyaiva ca śreṣṭhāṃ kanyāṃ icchatīti manyate mahāsiddhaḥ. tatkālaṃ tapaso balena mūṣikāṃ kanyāṃ karoti sma. kanyāṃ bhāryāyai dadāti ca vadati ca. āvāṃ kanyāṃ rakṣāvahai priyeṇeti.

그리고 경지에 이른 자는 생쥐에게로 다시 돌아갔다. "오 어린 생쥐야, 여기에 있지 마라, 죽지 마라! 이제 내가 너를 보호하겠다."라고 말했다. 그리고 쥐를 집으로 데려왔다. 나중에 "나의 부인은 딸이 없었다. 이제는 [내 부인이] 최고로 훌륭한 딸을 원한다."라고 경지에 이른 자는 생각한다. 그때에 고행의 힘으로 그가 생쥐를 소녀로 만들었다. 소녀를 부인에게 주고 그리고 말한다. "우리 둘이서 사랑으로 딸을 지킵시다(Ā. 1. 양수 명령형)!"라고.

D 06.02(04) atha saṃvatsarebhyaḥ paraṃ tu bhāryā kanyāyā vivāhaṃ cintayati sma. tato mahāsiddhasya bhāryā caiva bhāṣate. asmabhyaṃ kanyāyāḥ śreṣṭham naraṃ labhasveti. mahāsiddhaḥ kanyāyai gṛhaṃ tyajati sma. prathamaṃ mahāsiddhaḥ sūryāya gacchati vadati ca. tava śreṣṭho balo 'sti, sūrya. svargasya nṛpo mama kanyāyā naro bhavatv iti. kiṃ tu sūryo mahāsiddhaṃ avapaśyati vadati ca. meghā mad balavattarāḥ. yūyaṃ tu meghair māṃ na paśyatheti.

그리고 몇 년이 지나고 부인은 딸의 결혼을 고려했다. 그래서 경지에 이른 자의 부인은 말했다. "당신이 우리들(pl.)을 위해 딸의 최상의 남편을 구해달라!"라고. 그래서 경지에 이른 자는 딸을 위하여 집을 떠나 출발했다. 첫 번째로 경지에 이른 자는 태양에게 가서 말했다. "당신은 최상의 힘을 가졌다, 태양이여! 하늘나라의 왕은 내 딸의 남편이 될지어다!"라고. 그러나 태양은 경지에 이른 자를 내려다보고서 말했다. "구름들이 나보다 더 강력하다. 당신들은 구름(들) 때문에 나를 보지 못한다."라고.

제7과

संस्कृतवाक्योपक्रिया

※07.02

-i 끝모음명사 남성곡용 ṛṣi [m.] "성인, 현인"

격	약칭	단수	양수	복수
임자격	N.	ṛṣiḥ	ṛṣī	ṛṣayaḥ
대상격	A.	ṛṣim	ṛṣī	ṛṣīn
수단격	I.	ṛṣinā	ṛṣibhyām	ṛṣibhiḥ
위함격	D.	ṛṣaye	ṛṣibhyām	ṛṣibhyaḥ
유래격	Ab.	ṛṣeḥ	ṛṣibhyām	ṛṣibhyaḥ
가짐격	G.	ṛṣeḥ	ṛṣyoḥ	ṛṣīṇām
곳때격	L.	ṛṣau	ṛṣyoḥ	ṛṣiṣu
부름격	V.	ṛṣe	ṛṣī	ṛṣayaḥ

※07.05

-u 끝모음명사 남성곡용 śatru [m.] "적"

격	약칭	단수	양수	복수
임자격	N.	śatruḥ	śatrū	śatravaḥ
대상격	A.	śatrum	śatrū	śatrūn
수단격	I.	śatruṇā	śatrubhyām	śatrubhiḥ
위함격	D.	śatrave	śatrubhyām	śatrubhyaḥ
유래격	Ab.	śatroḥ	śatrubhyām	śatrubhyaḥ
가짐격	G.	śatroḥ	śatrvoḥ	śatrūṇām
곳때격	L.	śatrau	śatrvoḥ	śatruṣu
부름격	V.	śatro	śatrū	śatravaḥ

※07.08

다음절 -ī 끝모음명사 여성곡용 nārī [f.] "여자, 부인"

격	약칭	단수	양수	복수
임자격	N.	nārī	nāryau	nāryaḥ
대상격	A.	nārīm	nāryau	nārīḥ
수단격	I.	nāryā	nārībhyām	nārībhiḥ
위함격	D.	nārye	nārībhyām	nārībhyaḥ
유래격	Ab.	nāryāḥ	nārībhyām	nārībhyaḥ
가짐격	G.	nāryāḥ	nāryoḥ	nārīṇām
곳때격	L.	nāryām	nāryoḥ	nārīṣu
부름격	V.	nāri	nāryau	nāryaḥ

※07.22 결여대명사 enat의 곡용을 표로 나타내면 다음과 같다.

1) enad [m.]

격	약칭	단수	양수	복수
임자격	N.			
대상격	A.	enam	enau	enān
수단격	I.	enena		
위함격	D.			
유래격	Ab.			
가짐격	G.		enayoḥ	
곳때격	L.		enayoḥ	
부름격	V.			

2) enad [n.]

격	약칭	단수	양수	복수
임자격	N.			
대상격	A.	enat	ene	enāni
수단격	I.	enena		
위함격	D.			
유래격	Ab.			
가짐격	G.		enayoḥ	
곳때격	L.		enayoḥ	
부름격	V.			

3) enad [f.]

격	약칭	단수	양수	복수
임자격	N.			
대상격	A.	enām	ene	enāḥ
수단격	I.	enayā		
위함격	D.			
유래격	Ab.			
가짐격	G.		enayoḥ	
곳때격	L.		enayoḥ	
부름격	V.			

연습문제 풀이

▷ 07.01 아래의 문장들을 한국어로 옮기시오.

▷ 07.01(01) so 'haṃ tava patiḥ.

바로 내가 너의 주인이다.

▷ 07.01(02) kiṃ bahunā vacanena?

더 말할 필요도 없다! (← 많은 말이 무슨 소용이겠는가?)

▷ 07.01(03) tava hṛdi sukham astu!

너의 마음 속에 행복이 있을지니!

▷ 07.01(04) sa vṛddhaḥ kavir gāyati. tasmāt sa puruṣebhyo rocate ca.

그 늙은 시인은 노래를 부른다. 그래서 사람들은 그를 좋아한다.

▷ 07.01(05) so 'śvaḥ paśur api puruṣāṇāṃ bhāṣām avagacchati. tasmān munayo 'pi tasmai namanti.

그 말은 가축임에도 불구하고 인간들의 언어를 이해한다. 그래서 성자들조차도 그 말에게 경의를 표한다.

▷ 07.01(06) etasmin kāle nadyās samīpe sa nṛpo bahūñ chatrūn paśyati sma.

이때 강 근처에서(nadyāḥ 싼디도 가능) 그 왕은 많은 적들을 보았다.

▷ 07.01(07) mama bhāryāstv ārya iti vadāmi ca sā nārī tatheti prativadati ca.

"내 부인이 될지니, 고귀한 여자여!(ārya [a]의 여성형인 āryā의 부름격

☞✣06.01) 내가 당신과 결혼하게 하시게(명령형 P. 1. sg.)!"라고 나는 말했고 그 여인은 "그렇게 하지요!"라고 대답한다.

▷ 07.01(08) sā tasya priyaṃ labhate sma. tasmāt sā tena saha tasyā grāme sukhaṃ vasati.

그녀는 그의 사랑을 얻었다. 그래서 그녀는 그와 함께 그녀의 마을에서 행복하게 지낸다.

▷ 07.01(09) śastrair vīrau kaṣṭāñ chatrūñ jayataḥ sma. tayos tu nṛpaś ca tasya devī ca tau tyajataḥ.

칼들로 두 영웅은 지독한 적들을 무찔렀다. 하지만 그 둘의 왕과 그 [왕의] 왕비는 그 둘을 버린다.

▷ 07.01(10) tasmāt kāraṇād damayantī nāma sundarī nārī tasyāḥ patyā saha tad araṇyaṃ na praviśati sma.

그런 이유 때문에 "다마얀띠"라는 이름의 아름다운 여인은 그녀의 남편과 함께 그 숲으로 들어가지 않았다.

▷ 07.01(11) saṃśayād eta ṛṣaya ete atyantaṃ sundaryau kanye teṣām araṇyaṃ prati na nayanti.

의심 때문에 이(ete, pl. 모음싼디 ☞✣02.16) 성자들(ṛṣayaḥ)은 그 두(ete, du. [f.]; 싼디 예외 ☞✣02.20) 무척 아름다운 소녀들을 그들의 숲 쪽으로 데려가지 않는다.

▷ 07.01(12) tasya putrikā tasyāḥ patyā tyaktā. tasmāc ca so 'tyantaṃ tasmai krudhyati.

그의 딸은 그녀의 남편에 의해서 버려졌다. 그래서 그는 그에게 매우 화가 났다.

▷ 07.01(13) jagataḥ pate mamācāryo 'stv ity eṣa kumāras taṃ muniṃ vadati.

tathāstu kumāra mama śiṣya edhīti sa prativadati.

"세계의 지배자시여, 저의 스승이 되어주십시오!"라고 그 소년이 그 성자에게 말한다. "그렇게 하라, 소년이여. 내 제자가 되어라!"라고 그는 대답한다.

ᐅ 07.02 다음 이야기를 한국어로 옮기시오. (mūṣikā-kanyā-kathā 2/2)

ᐅ 07.02(01) tatheti sa ṛṣir mahāsiddho bhāṣate sma. sa sūryād meghasya vāse gacchati sma. tava śreṣṭho balo 'sti, megha. megho mama kanyāṃ vivahatv iti taṃ meghaṃ sa ṛṣir vadati. he ṛṣe, kim iti tvaṃ me tad vadasi. apy āryo mama balaṃ naiva jānāti. maruto nāma mad api balavattarāḥ. yatkāraṇaṃ maruta eva māṃ harantīti prativadati sma sa meghaḥ.

"그렇구나!"라고 경지에 오른 자인 그 성자가 말했다. 그리고 그는 태양으로부터 구름의 거주처로 갔다. "당신은 최상의 힘을 가졌다, 구름이여! 구름이 나의 딸과 결혼할지니!"라고 그 구름에게 그 성자는 말한다. "오 (he는 싼디 예외 ↗✤02.22) 성자여! 왜 내게 그것을 말하는가? 고귀한 자(인 그대)는 나의 힘을 정말 모르는가? 바람들이 실제로 나보다도 더 강하다. 왜냐하면, 바로 바람들이 나를 옮기기 때문이다."라고 그 구름은 대답했다.

ᐅ 07.02(02) asty evam ity ṛṣir bhāṣate maruto vāsaṃ ca gacchati. tava śreṣṭho balo 'sti, marut. astu mama kanyā tava bhāryeti taṃ marutam api vadati. he mahāsiddha, mac ca parvatā eva balavattarāḥ. yatkāraṇam asmākaṃ prayatnenāpi parvatānāṃ gatir nāstīti tasya maruto vacanam.

"그렇구나!"라고 성자는 말하고 그리고 바람의 거주처로 간다. "당신은 최상의 힘을 가졌다, 바람이여! 나의 딸이 당신의 부인이 되게 하시오!"라고 그 바람에게도 말했다. "오, 경지에 오른 자여! 나보다도 산들이 더 강력하다. 왜냐하면 우리들의 노력에도 불구하고 산들은 움직이지 않는다."라는 것이 그 바람의 말이었다.

07.02(03) evam evety ṛṣir bhāṣate. parvatānāṃ vāse ca sa gacchati sma. kiṃ tvaṃ mama putrikāyā vivāhāya uttamo 'sīti sa punas taṃ parvataṃ pṛcchati sma. sa parvataḥ prativadati sma. mad apy adhikā mūṣikāḥ. te mūṣikā balavattarāḥ. yatkāraṇam eko mūṣiko 'py asmākaṃ śarīre chidrāṇi karoti. te mūṣikā asmākaṃ śarīraṃ ca balena sarvato bhedayanti.

"정말 그렇구나!"라고 그 성자가 말한다. 그리고 그는 산들이 머무는 곳으로 갔다. "당신이 내 딸의 결혼에 가장 나은 자인가?"라고 그는 또 그 산에게 물었다. 그 산이 대답했다. "나보다 쥐들이 더 낫다. 그 쥐들이 더 힘이 세다. 왜냐하면 한 마리의 쥐도 우리들의 몸에 구멍들을 만들기 때문이다. 그 쥐들은 우리들의 몸을 힘으로 사방에서 깨뜨린다."

07.02(04) evam astīti sa ṛṣir bhāṣate taṃ parvatam. punar mūṣikāṇāṃ vāsaṃ prati sa mahāsiddho gacchati. tava śreṣṭho balo 'sti, mūṣika. ihaiṣā mama putrikā. mūṣikāṇāṃ patis tāṃ pariṇayatv iti pravadati sa ṛṣiḥ. tato mūṣikāṇāṃ patiḥ prativadati. evaṃ bhavatu. kiṃ tu tava putrikā kathaṃ mama vivaraṃ praviśatīti. satyam evaitad iti bhāṣata ṛṣiḥ. tatkālaṃ tapaso balena ca sa tasya putrikāṃ sundarīṃ mūṣikāṃ karoti sma.

"그렇구나!"라고 그 성자는 그 산에게 말했다. 그리고 쥐들의 거주처를 향하여 그 경지에 오른 자가 갔다. "쥐여! 당신은 최상의 힘을 가졌다. 여기 이(iha-eṣā) 나의 딸이 있다. 쥐들의 왕은 그녀와 결혼하시게!"라고 그 성자는 외쳤다. 그리하여 쥐의 왕이 대꾸했다. "그렇게 하지요. 하지만 당신의 딸이 어떻게 내 구멍으로 들어오나요?"라고. "그것은 정말 그렇군."하고 성자는 말했다. 그때 고행의 힘으로 그는 자신의 딸을 아름다운 암쥐로 만들었다.

07.02(05) tataḥ satyam evaitac chrutaṃ vacanam. sūryaś ca meghaś ca maruc ca parvataś ca daivena putrikāyāḥ patir na bhavati. ṛṣir api mūṣikam eva putrikāyāḥ patiṃ karoti sma. mūṣikā prāpnoti sva-jātiṃ. daivam eva mūṣikāṃ sva-jātiṃ nayati. sva-jātiṃ tu prayatnenāpi kaṣṭaṃ tyajatīti.

그러므로 이렇게 가르쳐진 말이 맞다. "운명에 따라 태양, 구름, 바람, 산은 딸의 남편이 되지 않았다. 성자마저도 바로 쥐를 딸의 남편으로 만들었다. 암쥐는 자신의 본래 태생을 얻었다. 바로 운명이 암쥐를 자신의 본래 태생으로 이끈 것이다. 자신의 태생이란 그러니 애쓴다고 해도 거의 버릴 수가 없다."라고.

제8과

संस्कृतवाक्योपक्रिया

※08.05 의문대명사의 곡용 형태

의문대명사 남성곡용 kaḥ

격	약칭	단수	양수	복수
임자격	N.	kaḥ	kau	ke
대상격	A.	kam	kau	kān
수단격	I.	kena	kābhyām	kaiḥ
위함격	D.	kasmai	kābhyām	kebhyaḥ
유래격	Ab.	kasmāt	kābhyām	kebhyaḥ
가짐격	G.	kasya	kayoḥ	keṣām
곳때격	L.	kasmin	kayoḥ	keṣu

의문대명사 중성곡용 kim

격	약칭	단수	양수	복수
임자격	N.	kim	ke	kāni
대상격	A.	kim	ke	kāni
수단격	I.	kena	kābhyām	kaiḥ
위함격	D.	kasmai	kābhyām	kebhyaḥ
유래격	Ab.	kasmāt	kābhyām	kebhyaḥ
가짐격	G.	kasya	kayoḥ	keṣām
곳때격	L.	kasmin	kayoḥ	keṣu

의문대명사 여성곡용 kā

격	약칭	단수	양수	복수
임자격	N.	kā	ke	kāḥ
대상격	A.	kām	ke	kāḥ
수단격	I.	kayā	kābhyām	kābhiḥ
위함격	D.	kasyai	kābhyām	kābhyaḥ
유래격	Ab.	kasyāḥ	kābhyām	kābhyaḥ
가짐격	G.	kasyāḥ	kayoḥ	kāsām
곳때격	L.	kasyām	kayoḥ	kāsu

※08.13(01) yathākāmaṃ은 대상격이 부사로 사용된 예이다.(☞✤06.39)

※08.15 인도 전통문법에서는 이렇게 대명사 형태로 곡용되는 형용사들까지 모두 아울러서 sarvanāma(대명사형 곡용 명사)라고 부른다. 따라서 sarvanāma를 우리에게 익숙한 서구 문법전통에 따라 품사 위주의 구분으로 이해하고 이에 따라 "대명사"라고 번역하는 것에는 무리가 있다. 곡용의 형태에 따른 구분이고, 그 구분에 따라 붙여진 이름이지 품사 구분에 따라서 붙여진 이름이 아니기 때문이다.

※08.16 sarva [a.] "모든"의 대명사형 곡용

대명사형 곡용 sarva "모든" 남성곡용

격	약칭	단수	양수	복수
임자격	N.	sarvaḥ	sarvau	sarve
대상격	A.	sarvam	sarvau	sarvān
수단격	I.	sarveṇa	sarvābhyām	sarvaiḥ
위함격	D.	sarvasmai	sarvābhyām	sarvebhyaḥ
유래격	Ab.	sarvasmāt	sarvābhyām	sarvebhyaḥ
가짐격	G.	sarvasya	sarvayoḥ	sarveṣām
곳때격	L.	sarvasmin	sarvayoḥ	sarveṣu
부름격	V.	sarva	sarvau	sarve

대명사형 곡용 sarva "모든" 중성곡용

격	약칭	단수	양수	복수
임자격	N.	sarvam	sarve	sarvāṇi
대상격	A.	sarvam	sarve	sarvāṇi
수단격	I.	sarveṇa	sarvābhyām	sarvaiḥ
위함격	D.	sarvasmai	sarvābhyām	sarvebhyaḥ
유래격	Ab.	sarvasmāt	sarvābhyām	sarvebhyaḥ
가짐격	G.	sarvasya	sarvayoḥ	sarveṣām
곳때격	L.	sarvasmin	sarvayoḥ	sarveṣu
부름격	V.	sarva	sarve	sarvāṇi

대명사형 곡용 sarva "모든" 여성곡용

격	약칭	단수	양수	복수
임자격	N.	sarvā	sarve	sarvāḥ
대상격	A.	sarvām	sarve	sarvāḥ
수단격	I.	sarvayā	sarvābhyām	sarvābhiḥ
위함격	D.	sarvasyai	sarvābhyām	sarvābhyaḥ
유래격	Ab.	sarvasyāḥ	sarvābhyām	sarvābhyaḥ
가짐격	G.	sarvasyāḥ	sarvayoḥ	sarvāsām
곳때격	L.	sarvasyām	sarvayoḥ	sarvāsu
부름격	V.	sarve	sarve	sarvāḥ

※08.16(02) eke가 "몇몇, 어떤 이들"이라고 사용될 때에는 종종 불특정한 이들을 약간은 폄하하는 의미에서 사용된다. 예문08.02가 그 예이다.

samaya는 "때"보다는 "상황"을 의미하는 표현이다. 따라서 tasmin samaye와 tasmin kāle는 다르다.

※08.17 "왼쪽"이 "북쪽"이 되고 "앞쪽"이 "동쪽"이 되며 "오른쪽"이 "남쪽"이 되는 것은 베다의 제사 의식에서 사제가 동쪽을 향해 있는 상태를 기준으로 해서 방향을 말하기 때문이다.

대명사형 곡용 para [a.] "다른"의 곡용 형태를 예로 삼아 전체를 표로 제시하자면 다음과 같다.

대명사형 곡용 para "다른" 남성곡용

격	약칭	단수	양수	복수
임자격	N.	paraḥ	parau	pare/parāḥ
대상격	A.	param	parau	parān
수단격	I.	pareṇa	parābhyām	paraiḥ
위함격	D.	parasmai	parābhyām	parebhyaḥ
유래격	Ab.	parasmāt/parāt	parābhyām	parebhyaḥ
가짐격	G.	parasya	parayoḥ	pareṣām
곳때격	L.	parasmin/pare	parayoḥ	pareṣu
부름격	V.	para	parau	pare/parāḥ

대명사형곡용 para "다른" 중성곡용

격	약칭	단수	양수	복수
임자격	N.	param	pare	parāṇi
대상격	A.	param	pare	parāṇi
수단격	I.	pareṇa	parābhyām	paraiḥ
위함격	D.	parasmai	parābhyām	parebhyaḥ
유래격	Ab.	parasmāt/parāt	parābhyām	parebhyaḥ
가짐격	G.	parasya	parayoḥ	pareṣām
곳때격	L.	parasmin/pare	parayoḥ	pareṣu
부름격		para	pare	parāṇi

다명사형 곡용 para "다른" 여성곡용

격	약칭	단수	양수	복수
임자격	N.	parā	pare	parāḥ
대상격	A.	parām	pare	parāḥ
수단격	I.	parayā	parābhyām	parābhiḥ
위함격	D.	parasyai	parābhyām	parābhyaḥ
유래격	Ab.	parasyāḥ	parābhyām	parābhyaḥ
가짐격	G.	parasyāḥ	parayoḥ	parāsām
곳때격	L.	parasyām	parayoḥ	parāsu
부름격	V.	pare	pare	parāḥ

따로 표시된 부분이 아닌 나머지 경우들은 위의 sarva의 곡용과 같다.

연습문제 풀이

▷ 08.01 다음의 문장 혹은 어절들 중 제시된 a-항목의 것(들)과 b-항목의 것을 연결시켜 요구하는 관계문장을 만드시오. 필요한 경우 각 곡용과 활용 형태를 변형시키고 필요한 단어를 첨가하시오.

a1.	pustakāni paṭhati.	b1.	nṛpo nalo nāma.
a2.	devālaye tiṣṭhati.	b2.	śiṣyaḥ satyaṃ vadati.
a3.	tasya gṛhe rathas tiṣṭhati.	b3.	sa kavaye rocate.
a4.	sā tasmin gṛhakārake snihyati.	b4.	nṛpābhyāṃ ratho rocate.
a5.	sa yuddhasyārtham āgacchati.	b5.	kayā cid saha na saṃvadati.
a6.	sa eva satyaṃ jānāti.	b6.	tasmin viśvāsaṃ karomi.
a7.	tasya vākyaṃ hṛdi me parivartate.	b7.	sa śatrubhyo na bibheti.
a8.	sa mitras tasmin kāle.	b8.	sa nagaraṃ gacchatu.
a9.	kṣatriyo 'śvaṃ mitraṃ ca paśyati.		

▷ 08.01(01) 책을 낭송하는 그 학생들은 진실을 말한다. (a1, b2)

ye pustakāni paṭhanti te śiṣyāḥ satyaṃ vadanti.

▷ 08.01(02) 날라라는 이름을 가진 왕이 신전에 서 있었다. (a2, b1)

yo nṛpo nalo nāma sa devālaye tiṣṭhati sma.

▷ 08.01(03) 그 책들을 낭송하는 사람은 시인의 마음에 든다. (a1, b3)

yaḥ pustakāni paṭhati sa kavaye rocate.

▷ 08.01(04) 신전에 서 있는 그는 그 어떤 여자와도 토론을 하지 않는다. (a2, b5)

sa devālaye tiṣṭhati yaḥ kayā cit saha na saṃvadati.

▷ 08.01(05) 베다 전문가는 그 목수를 사랑하는 여자와 함께 토론을 하지 않는다. (a4, b5)

yā tasmin gṛhakārake snihyati tayā saha vaidiko na saṃvadati.

▷ 08.01(06) 내 친할머니와 토론하고 있는 그 여자의 집에는 마차가 서 있다. (a3, b5)

yā mama pitāmahyā saha saṃvadati tasyā gṛhe rathas tiṣṭhati.

▷ 08.01(07) 전투를 위해 온 그 전차가 두 왕의 마음에 든다. (a5, b4)

yo yuddhasyārtham āgacchati sa ratho nṛpābhyāṃ rocate.

▷ 08.01(08) 날라라는 이름을 가진 왕이 전투하기 위해 왔다. (a5, b1)

yo nṛpo nalo nāma sa yuddhasyārtham āgacchati sma.

▷ 08.01(09) 그 어떤 때에도 친구였던 적이 없는 그 사람을 왕은 신뢰하지 않는다 (a8, b6)

yo na mitras kasmiṃś cit kale tasmin nṛpo viśvāsaṃ na karoti.

▷ 08.01(10) 그 전투를 위해 왔고 집에 전차를 세워 둔 사람은 그 어떤 여자와도 토론을 하지 않는다. (a3, a5, b5)

yo yuddhasyārtham āgacchati yasya rathaś ca gṛhe tiṣṭhati sa kayā cid saha na saṃvadati.

▷ 08.01(11) 그 신전에 머무르면서 책들을 읽는 사람을 학생은 신뢰한다. (a1, a2, b6)

yo devālaye tiṣṭhati pustakāni ca paṭhati tasmiñ chiṣyo viśvāsaṃ karoti.

▷ 08.01(12) 그 사람의 집에 전차가 서 있는 사람은 적들을 드려워하지 않는다. (a3, b7)

yasya gṛhe rathas tiṣṭhati sa śatrubhyo na bibheti.

▷ 08.01(13) 진리를 알고 그의 말이 내 마음 속에 자리 잡고 있는 바로 그 사람을 내 할아버지

는 신뢰한다. (a6, a7, b6)

ya eva satyaṃ jānāti yasya vākyaṃ ca hṛdi me parivartate tasmin mama pitāmaho viśvāsaṃ karoti.

▷ 08.01(14) 그 목수를 사랑하는, 신전에 서 있는 그 여자와 함께 학생은 대화를 나눈다. (a2, a4, b5)

yā tasmin gṛhakārake snihyati devālaye ca tiṣṭhati tayā saha śiṣyaḥ saṃvadati.

▷ 08.01(15) 신전에 머물면서 진실을 아는 바로 그 사람을 도시로 보내라! (a2, a6, b8)

yo devālaye tiṣṭhati satyaṃ ca jānāti sa eva nagaraṃ gacchatu.

▷ 08.01(16) 그 끄사뜨리야는 왕들이 좋아하는 말과 적들을 두려워하지 않는 친구를 본다. (a9, b4, b7)

sa kṣatriyas tam aśvaṃ ca tan mitraṃ ca paśyati yo nṛpābhyāṃ rocate yac chatrubhyo na bibheti.

▷ 08.01(17) 그 사람이 진실을 아는 한 시인이 그를 좋아한다. (a6, b3)

yāvat sa eva satyaṃ jānāti tāvat sa kavaye rocate.

▷ 08.01(18) 그가 싸우기 위해 왔다면 그렇다면 그는 적들을 두려워하지 않는다. (a5, b7)

yadi sa yuddhasyārtham āgacchati tarhi sa śatrubhyo na bibheti.

▷ 08.02 아래의 문장들을 한국어로 옮기시오.

▷ 08.02(01) yatra yatra gacchasi tatra tatra gacchāmi.

네가 가는 곳마다 나도 간다.

▷ 08.02(02) yasyāṃ nalaḥ snihyati sa tāṃ pariṇayati.

날라는 그가 사랑하는 여자와 결혼한다.

▷ 08.02(03) vinā paśupatinā yathāvidhim api kaś cana yajñasya phalaṃ na labhate.

가축의 신(Śiva) 없이는 규정을 따른다 하더라도 그 누구도 제사 의례의 결실을 얻지 못한다.

▷ 08.02(04) etasya vṛddhasya muneḥ putraḥ śreṣṭhaḥ sarvataḥ.

이 늙은 성자의 아들은 모든 면에서 최고이다.

▷ 08.02(05) yathāśakti sa vīraḥ parān vīrāñ jayati.

최선의 힘을 다 해서 그 전사는 다른 전사들을 이겼다.

▷ 08.02(06) kasmāt tvaṃ bibheṣi? mūṣikād ahaṃ bibhemi.

너는 구엇을 무서워하는가? 나는 쥐를 무서워한다.

▷ 08.02(07) kadā loko naśyati? yadā paśupatir atīva krudhyati tadā sarvāṇi jaganti naśyanti.

언제 세계가 멸망하는가? 가축의 신(Śiva)이 매우 화가 났을 때 모든 세계가 없어진다.

▷ 08.02(08) katham indriyaṃ jayasi? yathā pūrvam indriyaṃ jayasy eva tathendriyaṃ jayāmi.

어떻게 너는 감각기관을 정복하는가? 이전에 당신이 감각기관을 정복한 방식 그대로 나도 감각기관을 정복한다.

▷ 08.02(09) yena saha devālaye muner itaro brāhmaṇaḥ saṃvadati sa dhūrtaḥ.

신전에서 성자가 아닌 사제가 함께 이야기를 나누고 있는 자는 사기꾼이다.

▷ 08.02(10) yena kena upāyenāśuddho janaḥ pūjāyāṃ kiṃ cin na prāpnoti.

청정하지 못한 사람은 어떠한 방법으로도 신에 대한 경배 의식에서 무언가를 얻지 못한다.

▷ 08.02(11) yāvat tasya bhāryā nagare tiṣṭhati tāvat sa tan na tyajati.

그의 부인이 도시에 머무르는 한 그는 도시를 떠나지 않는다.

▷ 08.02(12) yadi kṣatriyā asmin yuddhe śatrubhir hatās tarhi te svargaṃ gacchantīti vaidikasya darśanam.

"만약 전사 계급에 속하는 자들이 이 전투에서 적들에게 죽임을 당한다면 그들은 하늘나라에 간다."라는 것이 베다 전문가의 견해이다.

▷ 08.02(13) amūni pustakāni likhety ekaḥ śiṣyo 'nyaṃ śiṣyaṃ vadati sma.

"저 책들을 적어라!"라고(likha-ity) 한 학생이 다른 학생에게 말했다.

▷ 08.02(14) yadāmuṣminn araṇye 'smākaṃ pitāmaho vasati sma tadā sa tatra pūjayā viśvasya patiṃ paśyati sma.

우리의 할아버지가 저 숲에서 살고 있었을 때, 그는 거기에서 경배 의식을 통해 우주의 지배자를 보았다.

▷ 08.02(15) sarva-dāna-phalaṃ vāpi naitat tulyam ahiṃsayā. *Mahābhārata*

(가진 것) 전부를 다 선물로 준 (선행의) 결과라고 하더라도 그것은(etat [n.]) 불살생만 못하다. (← 불살생과 같지 않다)

✔ 이 문장에서 사용된 vā는 운율을 맞추기 위해 사용된 경우라고 간주하고 특정한 의미를 전달하기 위해 사용된 단어는 아니라고 생각하자.

▷ 08.03 다음 이야기를 한국어로 옮기시오. (caura-rākṣasa-kathā)

▷ 08.03(01) asti kaś cid brāhmaṇaḥ. yo daridro brāhmaṇas tasmai gṛhasya jano dānam ekaṃ paśuṃ dadāti sma. yaṃ brāhmaṇaḥ prayatnena dine dine saṃvardhayati taṃ paśuṃ cauraḥ kadā cit paśyati sma. cauro rāgāc caivaṃ cintayati smādyaivāsau mama bhavatv iti.

옛날 옛적에 어떤 브라흐만이 있었다. 가난한 사제인 그에게 마을 사람들은 선물로 (사제의 활동에 대한 대가는 "선물"이라고 부른다.) 암소 한 마리를 주었다. 사제가 매일 정성으로 키우는 소를 언젠가 도둑이 보았다. 그리고 욕심 때문에 다음과 같이 생각했다. "오늘 저것은 나의 것이 되리라!"라고.

▷ 08.03(02) yadā niśāyāṃ cauras tasya brāhmaṇasya gṛhāya gacchati tadā kaś cic caurasya skandhaṃ spṛśati. yaś cauras tasmād eva bibheti sa vadati kas tvaṃ tava rūpaṃ ca darśayeti. tataḥ kaś cic cauraṃ prativadati. yas tvayā saha tiṣṭhati sa niśāyāṃ caraty eva rākṣaso 'ham iti bhāṣate sma. yadā rākṣaso 'pi kas tvam iti pṛcchati tadāhaṃ caura iti sa prativadati sma.

밤에 도둑이 그 브라흐만의 집을 향해 갈 때 그때 누군가가 도둑의 어깨를 만진다. 그것을 두려워하는 도둑이 "당신은 누구인가? 당신의 모습을 보여달라!(darśaya)"라고 말했다. 그러자 누군가 도둑에게 대답한다. "너와 함께 있는 이가 바로 밤에 돌아다니는 락샤싸인데, (그가 여기) 나다."라고 말했다. 그리고 락샤싸가 다시 "당신은 누구인가?"라고 물었을 때 그는 "나는 도둑이다"라고 대답했다.

▷ 08.03(03) rākṣasaḥ punar imaṃ cauraṃ pṛcchatīdānīṃ kutra tvaṃ gacchasīti. cauro vadati sma kasyacid brāhmaṇasya paśuṃ praty ahaṃ gacchāmīti. sa cāpi rākṣasaṃ pṛcchati kutra gacchasīti. yatra tvaṃ gacchasi tatraiva gacchāmi. tasya brāhmaṇasya grahaṇam evecchāmi. brāhmaṇānāṃ śarīrāṇi mamānnānīti sa rākṣasaḥ sukhena vadati sma.

락샤싸는 다시 이 도둑에게 "너는 지금 어디로 가는가?"라고 묻는다. 그리고 도둑이 "나는 어떤 브라흐만의 소가 있는 곳으로 간다."라고 말했다. 그리고 그가 다시 락샤싸에게 "당신은 어디로 가는가?"라고 묻는다. "바로 네가 가는 곳에 내가 간다. 나는 바로 그 사제를 잡기를 원한다. 사제들의 몸(들)이 내 먹이들(annāni)이다."라고 락샤싸가 즐겁게 말했다.

D 08.03(04) athaitāv ubhau tatra gacchataś ca tasya brāhmaṇasya gṛhasya samīpe tiṣṭhataś ca sma. yady asāv eva brāhmaṇo nidrāṃ karoti tarhy āvāṃ praviśāva kathaṃ cid imaṃ gṛham iti sa rākṣasaś caurāya vadati. evaṃ tatheti cauro bhāṣate.

그리하여 그 둘은 그곳으로 갔고 그 브라흐만의 집 근처에 서 있었다. "만약 저 브라흐만이 잠을 잔다면 그때 우리 둘이서 어떻게든 이 집으로 들어가자!(명령형 1.du.)."라고 그 락사싸가 도둑에게 말했다. "그렇게 하자!"라고 도둑이 말했다.

D 08.03(05) paścād yadāsau brāhmaṇo nidrāṃ karoti tadāyaṃ rākṣasaś cauraṃ vadaty ahaṃ prathamaṃ brāhmaṇasya grahaṇāya gṛhaṃ praviśāmīti. kiṃ tu sa cauro vadaty eṣa nopāya iti. ahaṃ prathamam amuṣya brāhmaṇasya paśuṃ corayāmi. paścād eva tava hato brāhmaṇaḥ. tadānīm amuṃ brāhmaṇaṃ bhakṣayetīmaṃ rākṣasaṃ vadati sma sa cauraḥ.

나중에 그 사제가 잠을 잘 때 이 락사싸가 도둑에게 "내가 (첫 번째로) 먼저 사제를 잡기 위해 집 안으로 들어가겠다."[1]라고 말했다. 그러나 그 도둑이 "이것은 (방법이 아니다→)잘못된 방법이다."라고 말한다. "내가 먼저 저 브라흐만의 소를 훔치겠다. 그런 뒤에 너의 죽은 브라흐만이 있다. (→네가 죽은 브라흐만을 갖는다.) 그때에 저 브라흐만을 (잡아)먹어라!(bhakṣaya)"라고 이 락사싸에게 그 도둑은 말했다.

D 08.03(06) rākṣasaś ca punas taṃ vadati. ayam apy anupāyaḥ. yato 'sau paśuḥ śabdaṃ karoti tatas tvaṃ brāhmaṇam unnidrayasi. tato me 'nartham idam āgamanam. kiṃ bahuneti.

1 미래형을 아직 배우지 않았기 때문에 미래형을 사용하지 않았지만, 현재형은 곧 이루어질 분명한 미래에 대한 서술에서도 두루 사용되기 때문에 이렇게 해석을 해도 무리가 없다.

그리고 락사싸가 다시 그에게 말했다. "이것 또한 방법이 아니다.(☞✤03.40) 저 소가 소리를 내는 것 때문에 네가 사제를 깨우게 된다. 그러면 내가 이티로 온, 이 일은 아무런 소용이 없게 된다. 긴 말 할 필요도 없다!(kiṃ bahunā)." 라고.

08.03(07) kiṃ tu cauras taṃ bhāṣate sma. yadi tvayā gṛhīto 'yaṃ brāhmaṇo 'pi bahūñ chabdān karoti tarhi tvaṃ sarvān narān unnidrayasi. tato 'pi me 'nartham ihāgamanam. ahaṃ prathamaṃ paśuṃ corayāmi tvaṃ ca paścād eva brāhmaṇaṃ bhakṣaya. kiṃ vistareṇeti.

그러나 도둑이 그에게 말했다. "만약 너에게 붙잡힌 이 브라흐만 또한 많은 소리를 내게 된다면, 그때는 네가 모든 사람들을 깨우게 된다. 그러면 (나의 이곳에 옴→) 나 또한 이곳에 온 것이 헛수고가 된다. 내가 먼저 소를 훔치고 나서 그 후에 네가 브라흐만을 잡아먹어라. 장황한 말이 필요 없다!"

08.03(08) yata evaṃ tayor ubhayoḥ parasparaṃ yuddhaṃ jāyate tataḥ sa brāhmaṇo bodhati sma. cauraś caivemaṃ brāhmaṇaṃ gacchati ca vadati ca. brāhmaṇa, asau rākṣasas tava grahaṇam icchatīti. rākṣasaś cāpīmaṃ brāhmaṇaṃ bhāṣate. ayaṃ cauras tava paśum icchatīti.

그와 같이 그 둘 양쪽 쌍방의 싸움이 생겨났기 때문에 그 브라흐만이 깨어났다. 그리고 도둑이 이 사제에게 가서 말했다. "사제여! 저 락사싸가 당신을 잡기를 원합니다."라고. 그리고 락사싸도 또한 이 사제에게 말했다. "이 도둑이 당신의 소를 원합니다."라고.

08.03(09) tasmin samaye brāhmaṇo mantreṇa svaṃ śarīraṃ rākṣasād rakṣati sma daṇḍena ca caurāt tasya paśuṃ rakṣati sma. tatas tāv ubhāv anena brāhmaṇena ca tasya paśunā ca vinā tat sthānaṃ tyajataḥ sma.

그 상황에서 사제는 주문을 통해서 자신의 몸을 락사싸로부터 지켰고, 몽둥이를 가지고 그의 소를 도둑으로부터 지켰다. 그리하여 그 둘은 저 브라흐만과 그의 소가 없이 그 장소를 떠나갔다.

D 08.03(10) yathā tayoḥ śatrvoḥ parasparaṃ yuddhaṃ mama hitaṃ karoti, tathā cauro brāhmaṇasya jīvaṃ rākṣaso 'sya paśuṃ ca rakṣati.

그 두 적들의 서로 간의 싸움이 나에게 이익을 만드는 것처럼, 그와 같이 도둑은 사제의 생명을 그리고 락사싸는 이 (사제의) 소를 지켰다.

제9과

संस्कृतवाक्योपक्रिया

※09.02

-u 끝모음명사 여성곡용 tanu [f.] "사람, 몸, 자신"

격	약칭	단수	양수	복수
임자격	N.	tanuḥ	tanū	tanavaḥ
대상격	A.	tanum	tanū	tanūḥ
수단격	I.	tanvā	tanubhyām	tanubhiḥ
위함격	D.	tanvai / tanave	tanubhyām	tanubhyaḥ
유래격	Ab.	tanvāḥ / tanoḥ	tanubhyām	tanubhyaḥ
가짐격	G.	tanvāḥ / tanoḥ	tanvoḥ	tanūnām
곳때격	L.	tanvām / tanau	tanvoḥ	tanuṣu
부름격	V.	tano	tanū	tanavaḥ

※09.03 주어진 운문을 빠다 단위로 줄바꾸기해서 표기하면 아래와 같다. 각 줄마다 한 문장으로 생각하고 해석을 해 보기 바란다.

nālaṃ sukhāya suhṛdo
nālaṃ duḥkhāya śatravaḥ ǀ
na ca prajñālam arthānāṃ
na sukhānām alaṃ dhanam ǁ

운문의 각 빠다들을 구분해서 나타내기 위해 현대 학자들은 각 네 빠다들을 a, b, c, d로 나누어 표기한다. 위 예의 운문에서 c, d 부분에 있는 가짐격 복수형들은 위함격의 의미로 사용되는 용례(☞✤05.25)를 보여주는 경우들이라고 할 수 있다.

※09.05

-u 끝모음명사 중성곡용 mṛdu [n.] "부드러움, 연함"

격	약칭	단수	양수	복수
임자격	N.	mṛdu	mṛdunī	mṛdūni
대상격	A.	mṛdu	mṛdunī	mṛdūni
수단격	I.	mṛdunā	mṛdubhyām	mṛdubhiḥ
위함격	D.	mṛdune	mṛdubhyām	mṛdubhyaḥ
유래격	Ab.	mṛdunaḥ	mṛdubhyām	mṛdubhyaḥ
가짐격	G.	mṛdunaḥ	mṛdunoḥ	mṛdūnām
곳때격	L.	mṛduni	mṛdunoḥ	mṛduṣu
부름격	V.	mṛdu / mṛdo	mṛdunī	mṛdūni

※09.11 이미 익힌 단어 nṛpa는 nṛ와 √pā "지키다"가 결합되어 만들어진 단어이고 그 의미는 "사람들의 수호자"라는 뜻이다. nṛpati라는 단어가 nṛpa와 동의어인데 이 경우에는 nṛ + pati "주인, 지배자"의 결합으로 이루어진 말이다.

※09.12 현재 3인칭 단수형으로 bibheti "그가 무서워한다"; juhoti "그가 제물로 바친다"; dadāti "그가 준다" 등은 우리가 이미 익혔다. 이 동사들은 모두 제3갈래에 속하는 동사들인데, 거듭에 대한 자세한 것은 후에 배우게 되겠지만 현재로서는 이 세 동사의 3인칭 단수 활용형을 근거로 거듭의 기본적인 형태에 익숙해지도록 하기 바란다. anu-√sthā [anutiṣṭhati] "따르다, 행하다, 수행하다"에서 본 적이 있는 √sthā "서 있다" [tiṣṭhati, tiṣṭhate]는 제1갈래이지만 거듭이 적용되는 경우이다.

※09.13 쌍쓰끄리땀의 문자가 데바나가리라고 오해하는 경우가 종종 있다. 쌍쓰끄리땀은 언어이고 데바나가리는 이 언어를 기록하는 데에 사용되어 온 수

많은 문자들 가운데 하나이다. 지금도 수많은 다양한 문자들이 쌍쓰끄리땀을 기록하기 위해 사용된다. 이러한 사실에 대한 최소한의 감각을 가질 수 있도록 하기 위해 짧은 역사적인 개괄을 제시한 것이다. 그리고 이러한 역사적인 사정을 이해해야 곧바로 데바나가리 문자가 갖는 특징적인 면들을 명확하게 이해할 수 있다. 근거 없는 상상력이 필요한 것이 아니라, 역사적인 자료들에 대한 구체적인 학습과 확인이 필요한 대목이다. 데바나가리가 "신(deva)들의 도시(nagara)에서 사용되던 문자"라거나 하는 상상을 역사적인 사실로 제시하거나 배우는 일은 없어야 한다.

※ 09.15(01)   문자의 모양은 폰트마다 차이가 있는지라 적는 방법은 동일하지만 다른 모양으로 나타내고 있는 자료들을 여럿 접하는 것이 바람직하다. 아래에서 다른 모양을 가진 글씨체를 보고 읽어 보기 바란다.

क ख ग घ ङ
च छ ज झ ञ

क ख ग घ ङ
च छ ज झ ञ

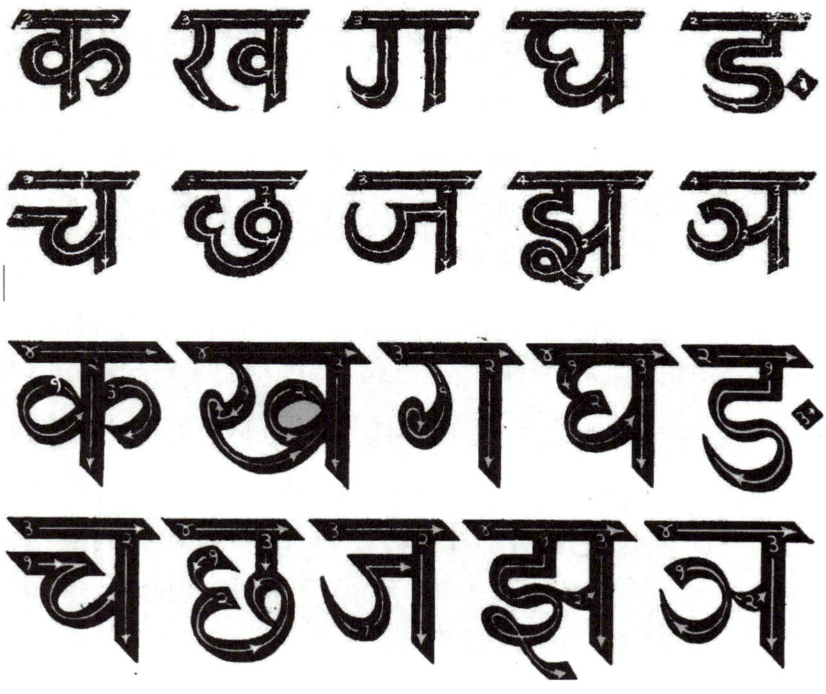

데바나가리 문자를 적는 방법을 배울 수 있는 방법들 중의 하나는 다양한 인터넷 상의 자료와 설명을 활용하는 것이다. 예로 캐나다의 브리티시 콜럼비아(The University of British Columbia)대학의 아시아학과(Department of Asian Studies)에서 마련한 "UBC Sanskrit Learning Tools"라는 제목의 웹사이트에 제시된 데바나가리 문자 쓰기에 대한 설명을 참조할 수 있다. 그 URL은 아래와 같다:

https://ubcsanskrit.ca/lesson2/writingtutor.html

※09.16(01) 데바나가리 문자를 표기하는 데에도 적는 사람에 따른 편차들이 다양하게 나타난다. 그리고 인쇄 매체에 사용되는 글자들에도 폰트 디자인에 따라 다양한 편차가 있다. 하지만 이러한 편차들은 시간이 지나면서 모든 학습자들이 어려움 없이 파악할 수 있는 것들이어서 구체적인 설명을 필요로 하지는 않는다. 다만 지금 제시된 것과 같은 표준적인 적는 순서는 반드시 따르도록 하기 바란다. 올바른 순서로 적을 줄 아는 것이 중요한 이유는, 나중에 급하게 적더라도 본인의 손글씨를 남들이 읽을 수 있는 형태로 적어야 하며, 그렇게 되려면 정확한 필순이 반영되어 있어야 하기 때문이다. 또한 다른 사람의 손글씨를 읽는 것은 물론이고 필사본을 읽어 내는 일에서도 필순을 정확하게 파악하는 것은 중요하다.

필순 자체에드 편차들이 존재하는 것이 사실이다. 이것은 필사본들에서도 확인되는 바이다. 하지만 이것도 심각한 어려움을 낳을 수준의 문제는 아니어서 자세하게 다룰 내용은 아니다.

※09.17(07) 모음을 추가해서 적는 데에는 개인적인 필순의 편차가 크다. 아주 심한 경우의 예를 하나 들어 보자. 힌디어 수업을 하는 초등학교 교실에서 선생님이 수업을 시작하자 마자 칠판 전체를 가로지르는 긴 선을 우선 그려두고 필기를 시작하는 경우를 필자는 본 적이 있다. 선생님이 각 글자의 수평선들을 미리 한꺼번에 그려두고 시작하는 것이다. 중간중간에 수평선이 끊겨야 하는 대목에서는 선생님이 수평선의 일부분을 손바닥으로 지워가면서 표기를

이어간다. 필기의 속도나 효율성과 관련된 것이라고 볼 수 있다. 학습자들도 필기 연습이 늘어가면서 적는 습관이 바뀌어 갈 수 있고, 이것은 자연스러운 일이다.

※09.17(08) 필기체에서 kī와 ko를 구분하기 위해 kī에서는 아예 위쪽 추가획의 시작 부분이 수평선에 만나게 적는 방식으로 확연하게 다른 모양을 사용하는 일도 있는데, 이 방식은 특히 현대어 표기법에서 자주 사용되는 것으로 보인다. 이렇게 표기하는 경우에는 kī에서 위쪽 추가획을 그을 때 모음으로 추가되는 수직선까지를 한 선으로 이어서 적는 경우가 많다. 쌍쓰끄리땀의 표준 표기법은 아니라고 생각하기 바란다.

※09.17(09) 실제로 고전쌍쓰끄리땀에서 사용되는 경우가 한 동사말뿌리밖에 없는 모음 “ḷ”표기는 ✤09.07의 맨 마지막에 제시되어 있다. 여기에 해당하는 말뿌리가 바로 √kḷp 1.Ā. [kalpate] “정돈되어 있다”이다. 따라서 이 동사가 실제로 활용되어 사용될 때에 반드시 모음 ḷ이 나타나는 것은 아니어서 음 ḷ이 등장하는 경우는 아주 드물다. 따라서 따로 익혀 두어야 할 만큼 중요한 내용은 아니라고 할 수 있겠다. 앞으로 보게 될 자음 “l”의 표기와 유사해서 나중에 인지하기에 어려운 것은 결코 아니다.

연습문제 풀이

▷ 09.01 아래의 문장들을 한국어로 옮기시오.

▷ 09.01(01) megho mṛdunā vāyunā dūram utpatati.

구름이 부드러운 바람에 의해 멀리 날아오른다.

▷ 09.01(02) yo yuddhe śatrūn hanti sa vīro bahu dhanaṃ labhate.

전투에서 적들을 죽인 그 전사는 많은 재산을 얻었다.

▷ 09.01(03) ayaṃ brāhmaṇasya putras tasya guror duhitaraṃ vivahati sma.

사제의 이 아들은 그의 스승의 딸과 결혼했다.

▷ 09.01(04) yasmin sā nārī snihyati sma sa bhartā daivāt tāṃ tyajati.

그 부인이 사랑하던 남편은 운명 때문에 그녀를 떠났다.

▷ 09.01(05) yady aham amuṣmin yuddhe mriye tarhi svarge mama pitaraṃ pitāmahaṃ ca paśyāmi.

내가 만약 저 전투에서 죽는다면, 나는 하늘에서 아버지와 할아버지를 볼 것이다.

▷ 09.01(06) yasya pitā sarvā dhenūr devāya juhoti sma sa paścād yajñasya phalena nṛpo bhavati.

그 [사람]의 아버지가 모든(sarvāḥ) 소들을(dhenūḥ) 신에게 바쳤던 그 사람은 나중에 제사의 결과에 의해 왕이 된다.

▷ 09.01(07) yato yuṣmākaṃ svasari snihyaty asmākaṃ bhrātā tataḥ sa tāṃ pariṇayati.

우리의 형제가 너희의 여자 형제를 좋아해서 그는 그녀와 결혼한다.

▷ 09.01(08) yaḥ sarvaṃ jagat sṛjati sa īśvaraḥ.

모든 세계를 만든 자는 창조신이다.

▷ 09.01(09) sa gṛhapatis tasya dhenor dugdhaṃ ca madhu ca tasya bhrātre dadāti.

그 가장은 자기 소의 우유 그리고 꿀을 그의 형제에게 준다.

▷ 09.01(10) yaṃ bālaṃ daṇḍena tudāmi sa brāhmaṇasya putraḥ. tasmāt tasya pitā māṃ śapati sma.

내가 막대기로 때린 소년은 사제의 아들이었다. 그래서 그의 아버지가 나를 저주했다.

▷ 09.01(11) evaṃ mā vada. tathā mā vada. anāryaṃ mā bhāṣasva.

그렇게 말하지 말아라! 그런 식으로 말하지 말아라! 아리안이 아닌 자에게 말을 하지 말아라!

▷ 09.02 다음을 데바나가리로 표기하시오.

▷ 09.02(01)	ci ghauḥ jhiṃ che keṃ	▷ 09.02(01)	चि घौः झिं छे कें
▷ 09.02(02)	ṅi khṛ ṅo gṛḥ chau	▷ 09.02(02)	ङि खृ ङो गृः छौ
▷ 09.02(03)	ñe ghṝṃ ṅau gauḥ j	▷ 09.02(03)	ञे घॄं ङौ गौः ज्
▷ 09.02(04)	jhe ghiṃ jh ñauḥ ñiṃ	▷ 09.02(04)	झे घिं झ् ञौः ञिं
▷ 09.02(05)	khiṃ chau ceḥ cīṃ gṛṃ	▷ 09.02(05)	खिं छौ चेः चीं गृं
▷ 09.02(06)	gau gīṃ jho koḥ chṛ	▷ 09.02(06)	गौ गीं झो कोः छृ
▷ 09.02(07)	ṅe gheḥ cau kṝḥ caiḥ	▷ 09.02(07)	ङे घेः चौ कॄः चैः

09.03 다음을 로마자로 표기하시오.

09.03(01) चिं घौः झि छे चॄः

09.03(02) गोः गौः के ङ् खी

09.03(03) घो छौ छैः गॄं जौ

09.03(04) ञे घेः ञ् खिं चिं

09.03(05) कोः ङो गृः जौ झे

09.03(06) घि झौ ञेः ञि ख्

09.03(07) जां चौ चेः चि खे

09.03(08) गां छें छृं गा झो

09.03(09) को चे ङे च् ङः

09.03(10) घेः घोः घृ ञो खैः

09.03(11) चौ कौः चै कृं क्

09.03(01) ciṃ ghauḥ jhi che cṝḥ

09.03(02) goḥ gauḥ ke ṅ khī

09.03(03) gho chau chaiḥ gṝṃ jau

09.03(04) ñe gheḥ ñ khiṃ ciṃ

09.03(05) koḥ ṅo gṛḥ jau jhe

09.03(06) ghi jhau ñeḥ ñi kh

09.03(07) jāṃ cau ceḥ ci khe

09.03(08) gāṃ cheṃ chṛṃ gā jho

09.03(09) ko ce ṅe c ṅaḥ

09.03(10) gheḥ ghoḥ ghṛ ño khaiḥ

09.03(11) cau kauḥ cai kṛṃ k

09.04 다음 이야기를 한국어로 옮기시오. (samudra-khaga-kathā)

09.04(01) asti samudrasya samīpe bhartā khagas tasya bhāryayā saha vasati sma. atha kadā cid bhāryā bhartāram vadati. prajāyai kiṃ cit sthānam icchāmīti. kutrāvayoḥ śiśūnāṃ śreṣṭhaṃ sthānam iti punaḥ pṛcchati sā. sa bhartā vadati. yatra hy āvāṃ vasatas tatraiva sthānaṃ sampadaḥ. atraiva janayatu priyeti. sā prativadati. etat sthānaṃ kaṣṭam. yatkāraṇaṃ samudrasya velayā mama śiśavo vigatā bhavanti. sa punaḥ prativadati. bhārye, samudro 'py asmāsu kadā cin na nipatati. sā ca tasmai vadati. samudras tvad balavattaraḥ. kathaṃ tvam etad vadasīti.

옛날 옛적에, 바다 근처에 남편 새가 그의 부인과 함께 살았다. 그런데 어느 날 부인이 남편에게 말했다. "출산을 위한 어떤 장소를 내가 원합니다." "어디가 우리 둘의 아이들에게 최선의 장소인가요?" 하고 다시 그 [부인]이 묻는다.

그 남편이 말한다. "우리가 사는 곳이 바로 행운의(sampad [f.] 끝자음명사) 장소이다. 사랑하는 이여(priyā 3. N.) 그대는 이곳에서 낳으시오!" 그녀가 대답한다. "이 장소는 나빠요. 왜냐하면 바다의 조류 때문에 내 아이들이 사라집니다." 그가 다시 대꾸한다. "부인! 바다라고 해도 결코 우리를 덮치지 않소." 그래서 그녀가 그에게 말했다. "바다가 당신보다 강합니다. 어떻게 그런 말을 합니까?"라고.

ᐅ 09.04(02) paścāt śiśavo jāyante sma. tataḥ sā mātā khago bhavati sa ca pitā khago bhavati. yat pūrvaṃ vacanaṃ pituḥ khagasya tat samudras tu smarati sma. tasmāt samudraḥ pitre khagāya krudhyati. tataḥ sa samudraḥ pitur mātuś ca śiśūn apaharati. tasmin samaye mātā tasyāḥ śiśūṃs tasmin sthāne na paśyati tato bhayāt pitaraṃ khagaṃ bhāṣate. tvayā mamaiva śiśavo vigatāḥ. kiṃ pitrā etena. mama svastis tu naśyatīti. pitā khagas tu hasati vadati ca. ahaṃ bhāryāyai samudrāt sarvathā śiśūñ jaya iti.

그 이후 새끼들이 태어났다. 그리하여 그녀는 어미 새가 되었고, 그리고 그는 아비 새가 되었다. 그러나 아비 새의 이전의 말을 바다는 기억했다. 그래서 바다는 아비 새에 대해 화가 났다. 그리하여 그 바다는 어미와 아비의 새끼들을 가져갔다. 그 상황에서 어미는 그 장소에서 새끼들을 보지 못했기 때문에 두려움으로 아비 새에게 말했다. "당신 때문에 바로 내 새끼들이 사라졌다. 이 아버지가 무슨 소용인가? 내 행복은(svasti [f.] N. sg.) 어쨌거나 사라졌구나!" 그러나 아비 새는 웃고 그리고 말한다. "내가 부인을 위해 바다로부터 어떻게든 새끼들을 빼어 오겠다(jaye)."라고.

ᐅ 09.04(03) atha tena pitrā khagānāṃ samāgamo bhavati sma. yas tasya pituḥ paramaṃ duḥkhaṃ jānāti sa ekaikaḥ khagaḥ samudrāyātyantaṃ krudhyati. tatraikaḥ khago vadati sma. asmākaṃ balaṃ naiva samaṃ tena samudrasya. kaś cit khagaḥ samudreṇa saha yuddhaṃ vai na karoti. kiṃ tūpāyenānenāsmākam arthaḥ sidhyati. yadi sarve khagāḥ krandante tarhi sa ākrando garuḍam udvejayati. asmākaṃ ca duḥkhaṃ tena garuḍena naśyatīti.

그리고 나서 그 아비 때문에 새들의 모임이 있었다. 그 아비의 극심한 고통을 알게 된 새는 모두 하나하나 바다에게 순하게 화가 났다. 그곳에서 한 새가 말했다. "우리들의 힘은 바다의 그것[, 힘]과는 전혀 같지가 못하다. 그 어떤 새도 바다와 싸우는 짓은 하지는 않는다. 그러나 이 방법으로 우리들의 목적이 이루어진다. 모든 새들이 울부짖으면 그때 그 소리가 (새들의 신) 가루다를 당혹스럽게 만들 것이다. 그리고 우리들의 고통은 저 가루다에 의해서 사라질 것이다."라고.

09.04(04) tenopāyena sa garuḍas teṣāṃ dukhaṃ jānāti sma samudrāya ca krudhyati sma. yo viṣṇur garuḍaṃ vahaty anyaiś ca devaiḥ saha yuddhaṃ karoti sa sarvavit sarvaṃ sarvataḥ paśyati. paścād viṣṇur garuḍasya krodhaṃ paśyati sma. viṣṇave ca garuḍo vadati. viṣṇo, mama duḥkhasya nāśayitā bhavatu devaḥ. evam etad iti viṣṇur vadati sma. samudraṃ ca punar viṣṇur vadati. yadi tvam idānīṃ śiśūṃs teṣāṃ mātre na dadāsi tadāgninā tvaṃ naśyasīti. tasmāt samudro bibheti cintayati ca. amuṣmāt pituḥ khagād ahaṃ naśyāmīti. samudraś ca śiśūn mātre dadāti sma.

그 방법으로 그 가루다는 그들의 고통을 알았고, 그리고 바다에게 화가 났다. 가루다를 타고 다른 신들과 함께 싸움을 하는 비스누 신은 모든 것을 아는 자로서 모든 것을 모든 면에서 본다. 나중에 비스누는 가르다의 분노를 보았다. 그리고 가루다는 비스누에게 말한다. "비스누 신이시여, 나의 고통을 없애는 자가 되어 주소서!" "그렇게 하자."라고 비스누가 말했다. 그리고 다시 비스누는 바다에게 말한다. "만약 네가 지금 새끼들을 그들의 어미에게 주지 않는다면, 너는 불로써 사라질 것이다."라고. 따라서 바다는 두려워했고 그리고 생각했다. "저 아비 새 때문에 내가 사라지겠구나."라고. 그리고 바다는 새끼들을 어미에게 주었다.

✔ "viṣṇo, mama duḥkhasya nāśayitā bhavatu devaḥ!"에서 비스누가 대화의 직접 상대방이 되고 있지만 문법상의 표현에서는 deva의 임자격을 사용해서 3인칭 단수로 주어가 상정되어 있기 때문에 명령형은 3인칭 단수 명령형을 사용하여야 한다. 이렇게 요청이나 요구를 하는 방식이 훨씬 정중한 표현이다.

제10과
संस्कृतवाक्योपक्रिया

※10.01 우리가 명사곡용을 배울 때 -a로 끝나는 끝모음명사의 남성형은 -ḥ를 붙여서 외우고 (예로, devaḥ) -a로 끝나는 끝모음명사의 중성형은 -m을 붙여서 외웠듯이 (예로, phalam) 동사들도 그렇게 정리해서 배우는 방법을 찾는 것이 좋지 않을까 해서 사용하는 방법이 바로 현재형 3인칭 단수 형태를 동사말줄기와 함께 암기하는 것이었다.

※10.02 동사를 10개 갈래로 나누는 관행은 빠니니문법 이전부터 있었다. 이 구분을 처음 만든 사람이 누구인지는 불분명하다. 빠니니 자신이 *Aṣṭadhyāyī*를 완성할 때에는 그에게 이미 확립되어 있던 아주 긴 동사말뿌리 목록(dhātupāṭha "말뿌리-낭송": 말뿌리를 나열해서 암송하는 목록)이 주어져 있었다. 빠니니 자신이 이 목록을 얼마나 변형시켰는지 그리고 빠니니 자신이 가지고 있던 말뿌리 목록이 현재 우리에게 전해진 말뿌리 목록과 얼마나 다른지, 그리고 정확하게는 어떤 것이었는지도 아직 명확하게 해명되지 못한 대목들이 있다. 우리는 아직도 빠니니가 사용했던 dhātupāṭha의 문헌비평판본을 가지고 있지 못하다. 강성용, 『빠니니 읽기』 169쪽 이하를 보라.

※10.03 제2갈래는 "adādayaḥ"(√ad 등등)이라고 부른다. 제3갈래는 "juhotyādayaḥ"(√hu 등등)으로 이름을 붙여서 불렀는데, 이 경우에는 현재 3인칭 단수의 다된말을 사용해서 이름을 붙인 경우이다. 구체적으로 이름을 붙이는 방식에는 차이가 있었지만 첫 자리에 있는 말뿌리를 대표로 삼은 것은 마찬가지였다.

※10.08 그리스 문법전통에서 제이인칭뒷토는 제일인칭뒷토를 근거로 해서 만들어진 것이라고 생각해서 이렇게 이름을 붙인 것이다. 하지만 실제로 역사적 발전의 순서는 반대 방향이다. 그래서 필자는 관행적인 번역 "원형어미"(primary personal ending), "파생어미"(secondary personal ending)라는 번역어를 사용하지 않고, 제일인칭뒷토, 제이인칭뒷토라고 번호를 붙여서 부르고자 한다. 관행적인 번역의 경우에는 너무 강하게 제일인칭뒷토에서 파생된 것이 제이인칭뒷토라는 함축을 담고 있기 때문이다.

※10.14 물론 이렇게 10개의 갈래를 나누는 것과 상관이 없는 활용 형태들이 있다. 간단하게 말해서 동사의 현재말줄기와 무관한 활용 형태라면 10개 갈래와는 무관할 것이니까 말이다. 대표적으로 동사의 말뿌리에서 현재말줄기가 아닌 다른 말줄기를 따로 도출시켜 사용하는 형태의 활용(미래형 ↳✤18.01 이하; 접때형 ↳✤26.01 이하; 완료형 ↳✤25.01 이하 등)이라면 굳이 현재말줄기가 어떻게 만들어지는지에 대해 신경을 쓰지 않아도 된다.

※10.16 명령형 인칭뒷토가 적용되어 만들어진 √bhū의 명령형 활용은 이미 배웠다.

표06.06 √bhū "이다, 있다, 되다"의 명령형 활용

	parasmaipada			ātmanepada		
3.	bhavatu	bhavatām	bhavantu	bhavatām	bhavetām	bhavantām
2.	bhava	bhavatam	bhavata	bhavasva	bhavethām	bhavadhvam
1.	bhavāni	bhavāva	bhavāma	bhavai	bhavāvahai	bhavāmahai

※10.18 현재말줄기에 강형과 약형의 구분이 있다 보니 비고정형 동사의 경우 현재서술형 3인칭 단수 형태를 근거로 복수형이나 다른 인칭의 현재서술형을 편하게 혹은 기계적으로 유추할 수가 없다. 바로 이러한 이유에서 지금까지 우리는 1, 4, 6, 10갈래에 속하지 않는 동사들, 즉 비고정형 동사들의 경우에는 단어 목록에 직접 제시되는 3인칭 단수형 이외의 형태를 사용하지 않았다.

※10.22 현재말줄기의 강형이 사용되는 경우를 기억하는 방법으로는 표10.04이 보이는 것처럼 암기할 내용을 담은 표를 시각화시켜 기억하는 방법도 있다. 표10.04에 제시된 표처럼 생각한다면 현재형과 과거형의 모든 단수 P.들의 경우는 해당하는 표에서 맨 왼쪽의 열에 해당될 것이다.

※10.22(02) √as의 명령형 활용에서 강형 말줄기는 as-이고 약형 말줄기는 øs-라고 할 수 있다. 즉 a의 약형이 ø인 것이다. 이 경우가 앞서 표02.02에서 보았던 역사언어학에 따른 모음강화 체계가 어떻게 구체적으로 적용되는지의 예를 명확하게 보여주고 있다.

지금까지 독자들은 현재서술형 활용과 명령형을 제외한 활용을 체계적으로 배운 적이 없다. 따라서 위의 규정이 구체적으로 어떤 의미를 갖는지는 앞으로 더 많은 동사활용을 배워 가면서 익히게 될 것이다. 다만 현재까지 이미 배운 내용만을 고려해도, 이 규칙의 일반적인 적용에 대해 이해할 수는 있다. 현재까지 배운 내용에 제한해서 말하자면 현재서술형 P.의 단수형들(1, 2, 3인칭 모두)에서는 강형 현재말줄기가 쓰인다는 것은 알고 있어야 한다.

※10.26 이 구분에 따라 동사의 현재체계를 설명한다고 하더라도 이 10갈래 구분이 이론상 완전한 것은 결코 아니다. 예로 √gam의 현재 3인칭 단수 P.가 gacchati인 것은 제1갈래 활용형의 특징만으로는 설명될 수가 없다. √vad [vadati]와는 확연하게 다르기 때문이다. 역사적으로 √gam의 3인칭 단수형으로 gamati가 없었던 것은 아니지만 고전쌍쓰끄리땀에서는 gacchati형태가 사용된다. 만약 이론상의 완벽함을 목표로 동사들의 갈래 구분이 이루어졌다면 당연히 -cch-가 삽입되는 형태의 동사들을 모아 별도의 갈래들을 상정하는 것이 맞는 일이다. 하지만 모든 이론은 그 이론의 효용성을 고려해야 한다. 동사활용의 현재체계를 효과적으로 설명해 내려고 사용되는 갈래 구분에서 갈래의 수를 무조건 늘리는 것은 결코 좋은 선택일 수 없다. 맥락과 목적에 따라 얻는 것과 잃는 것을 고려해서 결정해야 하는 문제이다. 특히나 고전쌍쓰끄리땀에서 나타나는 동사활용의 다양한 형태들을 제한된 수의 규칙들을 통해 서술하고자 했던 빠니니에게 갈래의 수를 늘리는 것은 결코 효율적인 이론 구축을 위한 선택이 되지 못했을 것이다. 설명의 정확도를 높이기 위해 동사 갈래의 분류 체계를 확장하는 것은 빠니니가 추구한 이론 구

축의 맥락에서 별 의미가 없을 뿐 아니라 쌍쓰끄리땀을 배우고자 하는 사람들에게도 별 의미가 없는 일이다. √gam과 함께 gacchati라는 현재 3인칭 단수 형태를 익히는 한 학습자들이 √gam을 활용하는 데에 문제가 없다. 물론 차라리 말뿌리 자체를 √gacch라고 하는 편이 낫지 않을까 생각할 수도 있다. 하지만 현재체계가 아닌 다른 동사활용에서는 현재말줄기가 아닌 말뿌리 자체에서 직접 도출되는 형태들이 있고, 거기에서는 분명하게 √gam이 사용된다. 따라서 말뿌리는 √gam으로 상정되어야 한다. 결국 10개 갈래로 나누는 방식은 효율성과 정확성 사이에서의 적절한 절충점을 찾고 있는 해결책이라고 보인다. 이것이 지금까지 이렇게 동사들을 10개 갈래로 나누는 체계가 쌍쓰끄리땀의 동사들을 구분하여 파악하고 학습하는 기본 틀로 남아 있는 이유라고 할 수 있을 것이다. 10개 갈래로 나누는 체계는 역사상 진지하게 비판과 거부의 대상이 된 적이 없으니, 아마도 이 체계가 적절한 절충점을 잘 찾았다는 사실에 대부분의 경우 동의하는 것으로 보인다. 물론 오래된 분류 체계이다 보니 이 체계에 따라 누적된 많은 자료들을 활용하자면 이 체계를 따를 수밖에 없었다는 사정도 함께 작용하고 있는 측면도 있다고 보인다.

※10.31 이 현상을 이해하는 데에는 아래 ✎✤17.13 이하에서 배우게 될 내용에 대한 이해가 필요하다. 따라서 현재로서는 지금 서술되어 있는 대로 익혀두기 바란다.

※10.32 √sad 1P. [sīdati]는 제6갈래로 구분할 수도 있다. √ghrā 1P. [jighrati] "냄새 맡다"도 √sthā 혹은 √pā와 유사한 경우인데 √ghrā는 거듭이 적용되는 제3갈래로 구분되기도 한다.

※10.32(04) √yam 1P. [yacchati] "들고 있다, 받치다"를 "~에게 ~을 건네다/선물하다"의 의미로 사용할 때에는 받는 사람은 위함격이나 곳때격으로 그리고 주어지는 물건은 수단격으로 표현한다.

※10.33 √man 이 제8갈래의 활용을 따를 경우에는 manute가 현재 3인칭 단수형이다.

※10.34 교재의 단어 목록에 제시된 3인칭 단수 현재형이 각괄호([ ]) 안에서 쉼표(,)로 구분될 때에는 갈래가 같지만 P.와 Ā.의 형태가 다르다는 것을 나타낸다. √rañj 4P.Ā. [rajyati, rajyate] "붉어지다, 흥분하다"에서 rajyati는 P. 형태이고 rajyte는 Ā. 형태이다. 하지만 모두 제4갈래에 속한다. 이와 다르게 빗금(/)으로 구분될 때에는 갈래 자체가 다르다는 것을 나타낸다. √bhraṃś 1Ā. 4P. [bhraṃśate / bhraśyati] "떨어지다, 기울다, 망하다"의 예에서 bhraṃśate는 제1갈래의 Ā. 형태이고, bhraśyati는 제4갈래의 P. 형태이다.

※10.38 sa matsyaṃ jālād muñcati.에서 jālān으로 싼디가 이루어지는 것이 더 일반적이다.

※10.42 √nam 1P.Ā. [namati, namate] "경의를 표하다, 인사하다, 경배하다, 굽히다"의 시킴형은 namayati "인사하게 시키다, 구부러지게 하다"가 된다. 따라서 문법 전문용어로는 "이빨소리가 혀말은 소리가 되도록 한다"는 의미로 namayati를 사용한다. 보태어 이 말의 수동태 namyate는 "혀말은소리가 되다"를 의미한다. 바로 이 말에서 파생되어 나온 전문용어가 앞서 배운 "nati"(☞✤05.08)라는 용어이다.

※10.47(02) 문자의 모양은 폰트마다 차이가 있는지라 적는 방법은 동일하지만 다른 모양으로 나타내고 있는 자료를 아래에서 보고 참고하기 바란다. **ण**를 표기하는 방법도 이 그림들에 제시되어 있으니 참고하기 바란다.

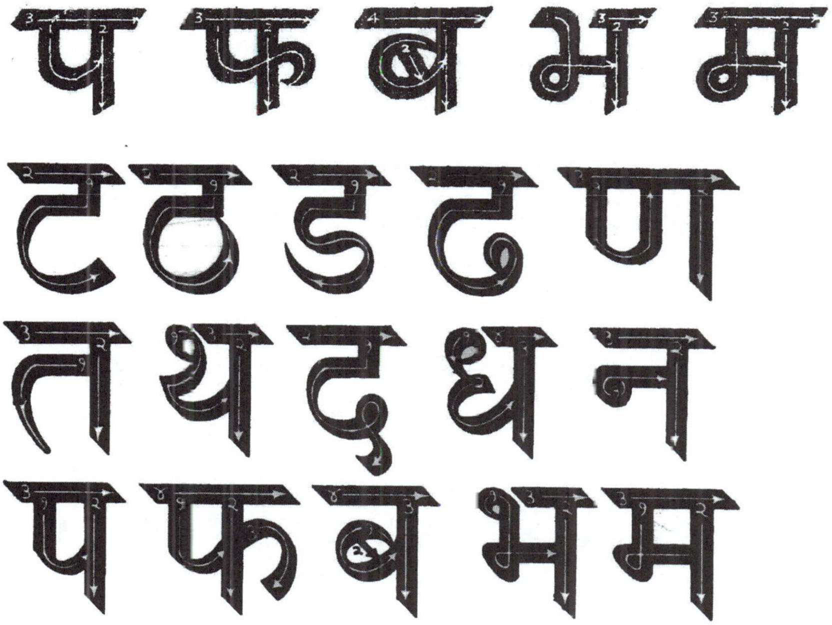

※10.48 본격적으로 동사활용에 대해 공부하기 시작한 마당에 동사말뿌리에 대해 짧게 부연 설명을 덧붙이고자 한다. 동사활용의 형태를 암기하기 위한 방식으로 현재서술형 3인칭과 함께 동사말뿌리를 익혀야 한다. 쌍쓰끄리땀의 동사말뿌리는 몇 백 개 정도이고 대부분은 단음절의 짧은 단어이다. 하지만 이것들이 동사활용의 모든 출발점이 되고 동사활용뿐 아니라 다른 단어들을 만들어서 파생명사와 형용사 등을 만드는 출발점이 되기도 한다. 그래서 동사말뿌리를 쌍쓰끄리땀으로 "dhātu"(구성요소, 핵심성분)라고 부르는 것이다.

이것들을 모두 다 익혀야 하는 것은 아니고 또 한 동사말뿌리가 만들어낼 수 있는 활용형의 모든 형태가 실제로 쓰이는 것도 아니다. 동사말뿌리들 중에서 이미 고전쌍쓰끄리땀에서는 거의 사라진 것도 있고 활용 형태가 이론적으로만 존재하는 경우도 많아서 그렇다. 따라서 학습자들은 본 교재에서 제시되고 설명되는 것들부터 시작해서 조금씩 익혀 나가는 것으로 충분하다. 동사의 활용 형태를 보면서 현재서술형 형태와 연관시키기 어려워 보이는 말뿌리들도 있을 것인데, 실제로 어떻게 해당 말뿌리가 현재활용형과 연관되는지를 이해하는 일이 쌍쓰끄리땀의 동사활용을 배우는 것에서 큰 부분을 차지한다. 따라서 현재로서는 제시되는 기본적인 단어의 형태들을 익혀 두고 나서 이를 기반으로 나중에 이론적으로 활용이 이루어지는 방식을 이해할 수 있을 때 이해하면 될 것이다. 따라서 앞으로의 학습을 위해서는 지금 조금씩 암기를 해 두는 것이 좋은 방법이 될 것이다.

가끔씩 사전을 찾다 보면 현재서술형에 해당하는 동사말뿌리가 서로 다르게 주어지는 경우가 있을 것이다. 예로 "노래하다"는 의미의 √gā, √gai 둘 다 말뿌리의 형태로 찾아 볼 수가 있다. 이러한 상황은 근본적으로는 동사말뿌리가 다된말이 아니어서 실제로 언어에서 사용되는 형태가 아니라는 사정 때문에 기인한다. 다시 말해서 동사말뿌리는 실제로 사용되는 말의 형태들을 출발점으로 해서 활용의 법칙을 근거로 추정 내지는 추측 혹은 이론적으로 구성된 말의 형태이다. 동사 도출의 법칙을 적용시켜 우리가 원하는 동사의 형태를 얻어 내는 일에서 두 형태가 모두 적합한 경우가 있을 수 있다. 특정한 경우에는 서로 다른, 하지만 크게 다르지는 않고 모음강화의 차이가 나는 정도로 다른 형태의 말뿌리가 제시될 수 있다. 고대에서부터 현대에 이르기까지 동사말뿌리를 추출하고 거기에 합당한 의미를 부여하는 작업이 지속적으로 이루어져 온 역사적 과정은 현재진행형이며, 특정한 말뿌리의 형태나 의미 혹은 그 존재 여부 자체에 대한 이견은 항상 있어 왔다. 따라서 특정한 개념을 설명하기 위해 새로운 말뿌리의 존재를 상정하는 방식의 시도에 대해서는 고대의 주석가들이 주는 설명에서이건 현대 학자들의 논문에서이건 면밀하고 비판적인 시선으로 바라보아야 한다.

하지만 학습자들이 사전을 찾아 고전쌍쓰끄리땀을 해석하고자 할 때 봉착하는 문제들이란 이러한 정도까지의 어려움을 함축하는 경우는 드물다. 또 각 사전들이 서로 다른 형태의 말뿌리를 제시하거나 혹은 참고 자료에서 동시에 가능한 여러 형태의 말뿌리를 제시한다고 해도, 어느 형태이거나 동사 도출을 위한 형태론상의 법칙을 벗어나는 차이가 나타나지는 않는 것이 당연하기 때문에 크게 어려움을 겪게 되지는 않는다. 현재 두루 사용되는 사전들을 예로 삼아 이야기하자면, bharati라는 현재서술형을 보이는 동사의 말뿌리가 √bhṛ라고 표기하는 경우가 있고 √bhar라고 표기하는 경우가 있다. 이 차이는 다름이 아니라 ⇗표02.01을 따르느냐 아니면 ⇗표02.02를 따르느냐의 판단 때문에 생겨나는 표기상의 차이일 뿐이다. 인도 전통에 따라서 bhṛta-bharati-babhāra의 층위가 맞게 만들어 내자면 ⇗표02.01을 따라야 하니까 말뿌리를 √bhṛ라고 하는 것이고, 표준 모음이 a가 되는 것이 타당하다고 생각하고 ⇗표02.02를 따라 말뿌리를 상정하자면 √bhar라고 하게 된다. O. Böhtlingk과 R. Roth이 편찬한 쌍쓰끄리땀-독일어 사전이 후자를 따르고 있고, M. Monier-Williams의 사전과 V. S. Apte의 사전은 전자를 따르고 있다. 이에 대한 정확한 맥락은 강성용의 논문 「쌍쓰끄리땀 문법의 서술, 구조적 쟁점들에 대하여」(『인문과학』, 2019년 115집)의 112-115쪽을 참조하라.

약간 다른 경우는 인위적으로 만들어진 말뿌리들이다. 다시 말해서 실제 언어의 동사말뿌리가 아닌데도 동사나 명사류의 단어가 존재하기는 하는데, 이 단어들이 어느 동사말뿌리에서 도출되었는지 설명하는 데에 쓸 수 있는 동사말뿌리가 알려져 있지 않으니 이미 존재하는 단어를 근거로 필요한 동사말뿌리를 만들어 내는 경우이다. 어떤 면에서는 "가짜 말뿌리"라고 할 수도 있겠지만, 그렇게 만들어진 말뿌리에서 실제로 동사활용형이 만들어지고 언어의 일부로 채택되어 사용된다면 단순하게 가짜라고 단언하기 어려울 것이다. 이러한 상황이 발생하는 것은 모든 단어, 즉 동사뿐 아니라 명사와 부사 심지어는 감탄사나 고유명사까지도 근본적으로 동사말뿌리에서 도출된다는 고대인도의 언어관과 연관되어 있다. 그리고 이러한 믿음은 대부분의 경우에는 역사언어학적인 근거가 있고 또 실제로 쌍쓰끄리땀 단어들이 만들어지는 방식을 반영하고 있기도 하다. 따라서 이렇게 인위적인 말뿌리들이 필요에 의해서 만들어지는 일이 고대부터 있었고, 인도의 전통 사전류

에까지 그렇게 만들어진 말뿌리들이 포함되어 있는 경우, 우리는 이러한 말뿌리를 고전쌍쓰끄리땀의 동사말뿌리가 아니라고 배제하기에 어려운 상황을 맞게 된다. 그리고 이론적으로 구성된 말뿌리가 실제로 사용되는 것은 얼마든지 가능하다. 하지만 이렇게 인위적으로 동사말뿌리를 필요에 따라 만들어 가면서 자신이 원하는 방식으로 단어의 의미를 설명해 나가는 인도 주석가들의 설명 방식에 대해서도 비판적인 수용의 태도는 필요하다.

현재 우리가 자주 사용하는 사전들에는 특정한 단어의 의미를 설명하는 근거를 제시할 때 L.이라는 약자가 주어지는 경우들이 있다. 이 약자는 "(인도의 전통) 사전 편찬자"라는 의미의 "Lexicographers"의 약자이다. 다시 말해서 실제로 그렇게 사용되었는지 확인되지는 않았고, 인도의 전통 사전에 그러한 의미로 사용된다고 나와 있다는 뜻이다. 따라서 학습자들은 사전을 사용할 때 특정한 형태나 특정한 의미에 대한 설명 근거로 "L."이 주어져 있는 경우에 각별하게 조심해야 한다.

그렇다면 학습을 하는 우리는 고전쌍쓰끄리땀의 규범이자 기준이 되는 빠니니 체계를 근거로 빠니니 자신이 받아들이고 사용했던 동사말뿌리들을 기준으로 삼을 수 있지 않을까? 앞서(☞✤ 10.02) 말한 것처럼 우리는 빠니니가 사용했던 dhātupāṭha를 현재에는 완전하게 파악하지는 못한다. 게다가 빠니니가 채택한 말뿌리 목록이 역사언어학적 관점에서 객관적인 언어사적 사실에 부합한다고 단정할 수는 없을 뿐더러, 실제로 객관적인 언어적 사실에 부합하지 않는 경우들이 있다는 것은 이미 다수 확인되어 있다.

동사말뿌리는 결국 추정과 추측에 의한 것이기 때문에 상당히 다른 면에서의 어려움도 있다. 역사적으로 두 서로 다른 동사말뿌리에서 도출된 동사형태들이 서로 섞여서 사용되거나, 한 말뿌리의 활용형이 다른 말뿌리의 활용형으로 전용되거나, 섞여서 사용되던 말뿌리들 중의 하나가 아예 사라지는 일들이 드물지 않게 있기 때문이다. 언어는 살아 움직이는 것인지라 놀라운 일이 아니다. 따라서 기계적이고 도식적으로 동사말뿌리 도출이 이루어진다거나 특정한 판단이 완전하게 정확한 판단이라는 태도는 갖지 말아야 한다. 이 상황은 고전쌍쓰끄리땀을 넘어서는 지평에서 연구를 진행하는 현대의 연구자들이 동사말뿌리를 제안하는 맥락에서도 똑같이 적용된다. 고전쌍쓰끄리땀에는 없지만 베다에서 사용되는 말뿌리를 역추적하거나 더 나아가 인도이란어 단계의 언어에서 있었을 것으로 추정되는 동사말뿌리를 추적 혹은 구성하는 일에서도 똑같은 문제들은 남는다. 이러한 작업이 모두 옳거나 틀린 것이 아니고 그 맥락과 제시되는 자료에 따라 옳고 그름이 판단되어야 한다. 고전쌍쓰끄리땀 이전의 언어들이 아니라 그 이후에 사용되었던 언어들에서 보이는 자료들을 평가할 때에도 마찬가지로 주의는 요구된다.

또한 특정한 말뿌리의 활용 형태가 어느 갈래에 속하는지에 대한 결정도 어려운 경우가 많다. 시대에 따라 변하는 경우는 흔한 일이고 특정한 장르나 텍스트에서만 일반적이지 않은 활용의 형태가 사용되는 일도 많다. 따라서 빠니니가 사용한 말뿌리 목록에서도 이 목록을 구성하기 위해서는 각 말뿌리들을 어느 갈래에 포함시킬지 결정을 해야 하는데, 중복되게 여러 갈래에 속하는 말뿌리들을 상정해야 하는 경우도 많고 또 빠니니 이후의 문법전통에서 제시한 말뿌리 목록이 전제하고 있는 활용형의 갈래 구분에 대한 판단이 모두 다 맞는 것도 아니다. 근본적으로는 우리가 현재 사용하고 있는 사전들의 상황도 크게 다르지 않다. 초보 학습자들에게 문제가 되지는 않지만, 사전도 결국에는 누군가 우리들보다 앞서 연구했던 학자들이 만든 것에 불과하다는 사실을 잊지 말아야 한다. 말뿌리에 대한 정보들만을 간추려 놓은 참고 자료의 경우도 마찬가지이다. 특히 자주 사용되는 휘트니(W. D. Whitney)의 책, *Roots, Verb-Forms and Primary Derivatives of the Sanskrit Language*는 1885년에 출간된 자료라는 사실을 잊지 말아야 한다. 그 이후로 이루어진 수많은 자료들의 발굴과 그에 대한 연구는 물론이고 새로운 발견과 확인의 내용이 반영되어 있지 못한 것은 당연하다. 그리고 이 자료의 상황이 더욱 좋지 않은 것은 바로 필자 자신이 자기의 작업을 후대의 학자가 고치는 것을 거부하는 입장을 서문에 밝혀둔 것에 기인한다. 따라서 다른 상당수의 자료들은 나중의 학자들이 개정하고 보충한 경우들이 있는데, 이 휘트니의 자료는 그의 뜻을 존중하는 학계의 상식적인 태도 때문에 개정되고 보충될 기회를 갖지 못하고 있다. 따라서 이 맥락에서 학습자들이 초보 단계를 벗어나 연구자로서 특정한 말뿌리에 대한 정보를 얻고자 한다면 베르바(Chlodwig H. Werba)의 *Verba IndoArica: Die primären und sekundären Wurzeln der Sanskrit-Sprache, Pars I: Radices Primariae*를 확인할 것을 권한다.

인도 언어사를 전공하는 학자가 아니더라도 동사말뿌리에 대한 개괄적인 이해를 갖추는 것이 다양한 참고 자료들을 활용하는 일에서 필요하다. 비전공자로서는 이해하기 어려운 어형변화의 과정을 동원해서 특정한 동사말뿌리의 형태가 있었을 것이라는 주장에 대해, 독자로서 내용을 검토하기에 앞서 단지 어원과 동사말뿌리의 원형을 구성한다는 주장의 형식 자체에 주눅이 들어 실제 다루어야 할 문제가 덮히는 경우를 당하지는 말아야 한다. 이러한 맥락에서 현재까지 역사비교언어학 분야에서 수많은 탁월한 학자들이 이루어낸 업적들에 기초해 활용 가능하게 만들어진 어원사전들을 잘 활용할 필요가 있다. 어원사전들의 구체적인 항목들 아래에 주어진 설명의 아주 큰 부분은 각 단어에 대한 기존의 연구 업적들을 나열하고 그 입장들을 정리하는 부분이다. 단순화시켜 말하자면 사전 자체가 참고 문헌 목록의 나열을 큰 비중으로 포함하고 있다. 앞으로 쌍쓰끄리땀을 배워나가면서 언젠가는 초보자나 혹은 학습자의 입장에서 벗어나 연구자로서 쌍쓰끄리땀 텍스트를 대하기 시작할 때가 올 것이다. 연구자의 위치에 가기 이전이라도 언어 자료들에 대한 역사적인 비판 의식을 가지고 있는 것은 중요한 일이다.

연습문제 풀이

10.01 다음을 데바나가리로 표기하시오.

10.01(01)	phi ba ṭā bhṛ me	फि ब टा भृ मे
10.01(02)	ṭaiḥ bau ṭe ṭo piṃ	टैः बौ टे टो पिं
10.01(03)	pe ṭṛ ṭhi ṭheḥ ṭhāḥ	पे टृ ठि ठेः ठाः
10.01(04)	dhi ṇ thīḥ mṛḥ tāṃ	धि ण् थीः मृः तां
10.01(05)	toḥ dhī pṝḥ ḍauṃ pīḥ	तोः धी पॄः डौं पीः
10.01(06)	ḍoḥ māṃ ṭhū phau ḍiḥ	डोः मां ठू फौ डिः
10.01(07)	ph taiḥ bauḥ ṭhāṃ bṛ	फ् तैः बौः ठां बृ
10.01(08)	ṭuṃ boḥ ṇau ṇ thṛ	टुं बोः णौ ण् थृ
10.01(09)	ṇe mau the mṝ mauḥ	णे मौ थे मॄ मौः
10.01(10)	dhoḥ m thauḥ ṭhīṃ nṛ	धोः म् थौः ठीं नृ

10.02 다음을 로마자로 표기하고 한국어로 옮기시오.

10.02(01) **किं जानाति नृपः। नृपो न जानाति किं चित्। किं तु दूतो जानाति नाम तां कथां।**

kiṃ jānāti nṛpaḥ? nṛpo na jānāti kiṃ cit. kiṃ tu dūto jānāti nāma tāṃ kathām.

왕은 무엇을 아는가? 왕은 아무것도 모른다. 하지만 전령은 실로 그 이야기를 안다.

ᐅ 10.02(02) काकः पथं न जानाति भूमौ निपतति च।

kākaḥ pathaṃ na jānāti bhūmau nipatati ca.

까마귀는 길을 모르고, 그리고 땅에 떨어진다.

ᐅ 10.02(03) पिता छागं च धेनुं च मे ददाति।

pitā chāgaṃ ca dhenuṃ ca me dadāti.

아버지가 염소와 소를 나에게 준다.

ᐅ 10.02(04) किमेके जना नृपाय न नमन्ति। किं मुनिर्न बिभेति नृपात्।

kim eke janā nṛpāya na namanti? kiṃ munir na bibheti nṛpāt?

몇몇 사람들은 왕에게 인사하지 않는가? 성자는 왕을 무서워하지 않는가?

ᐅ 10.02(05) खगो दिने दिने मृतानां जनानां मधुं पिबति।

khago dine dine mṛtānāṃ janānāṃ madhuṃ pibati.

새는 날마다 죽은 사람들의 꿀을 마신다.

ᐅ 10.02(06) जगति दमः कथं चित्कामं न जयते।

jagati damaḥ kathaṃ cit kāmaṃ na jayate.

이 세상에서 자제력은 절대 욕구를 이기지 못한다.

ᐅ 10.03 다음을 데바나가리로 표기하고 한국어로 옮기시오.

ᐅ 10.03(01) jāmātā mātus taṃ duḥkhaṃ na jānāti.

जामाता मातुस्तं दुःखं न जानाति।

사위는 어머니의 그 고통을 모른다.

10.03(02) meghena khagaḥ pathe patati tadānīm.

मेघेन खगः पथे पतति तदानीम्।

구름 때문에 그때 새가 길에 떨어진다.

10.03(03) dhanaṃ na mama pituḥ kāmaḥ.

धनं न मम पितुः कामः।

재산은 내 아버지의 욕구가 아니다.

10.03(04) dhenoḥ patis tathā chāgaṃ tudati.

धेनोः पतिस्तथा छागं तुदति।

소의 주인이 그렇게 염소를 때린다.

10.03(05) tena janena pūjā kṛtā.

तेन जनेन पूजा कृता।

저 사람에 의해 경배 의식이 행해졌다.

10.03(06) kathaṃ mama pitā dhanaṃ jayate. dhanaṃ dadāti muniḥ.

कथं मम पिता धनं जयते। धनं ददाति मुनिः।

내 아버지는 어떻게 돈을 얻는가? 성자가 돈을 준다.

10.04 다음을 한국어로 옮기시오.

10.04(01) yadi devāya yajāmi tarhi yajñasya phalaṃ labha iti vaidikaś cintayati.

"내가 신에게 제사를 지낸다면 제사의 결실을 얻을 것이다."라고 베다 전문가가 생각한다.

10.04(02) yatra devā vasanti taṃ svargaṃ sa muniḥ pitṝṇāṃ gatyā prāpnoti sma.

그 성자는 조상들의 경로를 통해 신들이 사는 하늘나라에 이르렀다.

▷ 10.04(03) caurā nṛpasya dhenūś corayanty araṇyaṃ gacchanti ca.

도둑들이 왕의 소들을 훔쳐서 숲으로 간다.

▷ 10.04(04) dhanam icchāmīti bhāryāyā vacanaṃ patiḥ śṛṇoty api na kiṃ cit karoti sma.

재산을 원한다는 부인의 말을 들었음에도 불구하고 남편은 아무것도 하지 않았다.

▷ 10.04(05) yān kākān sevako labhate tān patir muñcate.

하인이 잡은 까마귀들을 주인이 풀어 주었다.

▷ 10.05 다음 이야기를 한국어로 옮기시오. (nīca-mūṣika-kathā)

▷ 10.05(01) asti, kasmiṃś cid vane munir vasati sma. yo mūṣikaḥ kākasya pādābhyāṃ bhūmyāṃ patati tam āśramasya samīpa eko muniḥ paśyati. sa ca muniḥ karuṇāyās taṃ mūṣikaṃ bahubhir āhāraiḥ prayatnena saṃvardhayati sma.

옛날 옛적에, 어떤 숲에 한 성자가 살았다. 까마귀의 (두) 발에서 땅으로 떨어진 쥐를 수행처의 근처에서 그 성자가 본다. 그리고 그 성자는 동정심으로부터 그 쥐를 많은 음식들을 가지고 애써서 길렀다.

▷ 10.05(02) atha yo biḍālo mūṣikaṃ paśyati so 'yam āhāra iti cintayati sa tasya mūṣikasya samīpam āgacchati sma. yadā mūṣikas taṃ biḍālaṃ paśyati tadā sa muneḥ skandham ārohati. tato munir vadati. mūṣika, tvaṃ biḍālo bhaveti. munes tapaso balena sa mūṣiko biḍālo bhavati. so 'nyadā biḍālaḥ kukkuraṃ paśyati kukkurād bibheti sma. tato munir vadati. kukkurād bibheṣi, bhava kukkura eveti. sa ca kukkuro 'pi vyāghrād bibheti sma. tato muniḥ kukkuraṃ punar vyāghraṃ karoti sma.

그런데 그 쥐를 본 고양이가 "이것은 먹을 것이다."라고 생각하고서 그 쥐의 근처로 그 (고양이)가 왔다. 쥐가 그 고양이를 보았을 때 그 [쥐]는 성자의 어깨로 뛰어올랐다. 그리하여 성자가 말했다. '쥐야, 너는 고양이가 되거라!"라고. 성자의 고행의 힘으로 그 쥐는 고양이가 되었다. 어느 날 그 고양이는 개를 보았고, 개를 두려워했다. 그리하여 성자가 말했다. "너는 개를 두려워한다, 바로 개가 되어라!" 그리고 그 개가 또한 호랑이를 두려워했다. 그래서 성자는 개를 다시 호랑이로 만들었다.

10.05(03) atha munis taṃ vyāghraṃ mūṣiko 'yam iti paśyati yathāpūrvam. yo yas tau muniṃ ca vyāghraṃ ca paśyati sa so 'yaṃ munir mūṣikaṃ taṃ vyāghraṃ karoti smeti vadati. yadā sa vyāghras tat śṛṇoti tadaivaṃ cintayati. yāvad ayaṃ munir ihāsti tāvad mama rūpe teṣāṃ vacanād mama duḥkham evāsti. imaṃ munim eva mārayāmīti. kiṃ tu sa munis tasya vyāghrasya hṛdi matiṃ jānāti vadati ca. vyāghra, punar bhava mūṣika iti. yathāvacanaṃ sa vyāghraḥ punar mūṣiko bhavati sma.

그러나 성자는 예전과 같이 그 호랑이를 "이것은 쥐다."라고 보았다. 그 성자와 호랑이를 보는 사람마다 "이 성자가 쥐를 저 호랑이로 만들었다."라고 말한다. 그 호랑이가 그것을 들었을 때 다음과 같이 생각했다. '이 성자가 여기에 있는 한 내 모습에 대한 그들의 말 때문에 나에게 괴로움이 있게 된다. 바로 이 성자를 죽여야겠다."라고. 그러나 성자가 그의 마음에 있는 생각을 알고서 말한다. "호랑이야, 다시 쥐가 되어라." 그리고 그 말과 같이 그 호랑이는 다시 쥐가 되었다.

10.05(04) nīco labhate tasyārthaṃ tataḥ svasya pater mṛtam icchati. vyāghro bhūto mūṣiko muner mṛtam icchati yathety updeśaḥ kathāyā asyāḥ.

미천한 자가 목표를 달성하고 나면 자신의 주인의 죽음을 원한다. 마치 호랑이가 된 쥐가 성자의 죽음을 원하는 것과 같이, 이것이 이 이야기의 가르침이다.

제11과
संस्कृतवाक्योपक्रिया

※11.01 자주 쓰이는 단어인 strī [f.] "여자, 여성, 부인, (동물의) 암컷"은 단음절 여성명사이므로 표11.01에 따라 곡용되어야 하지만 쌍쓰끄리땀에서 드문 예외적인 곡용을 보이는 명사이기 때문에 따로 나중에(☞✤27.06) 다루게 될 것이다.

※11.04 이 규칙에 대한 예외는 셋을 꼽을 수 있다. 첫째로 제5갈래 동사에서는 명령형 2인칭 P. 단수에 인칭뒷토가 없고(☞표11.16), 둘째로 제9갈래 동사에서 말뿌리가 자음으로 끝나는 경우에 명령형 2인칭 P. 단수에서 인칭뒷토 -āna가 사용된다(☞표11.26). 셋째로 제3갈래 동사들 중의 하나인 √hu의 명령형 2인칭 P. 단수는 juhudhi가 된다(☞✤11.09(01)).

※11.07 말뿌리 √bhṛ "가지고 있다, 지니고 있다"는 제3갈래 활용(3P.Ā. [bibharti, bibhṛte])을 보여주지만, 제1갈래 활용(1P.Ā. [bharati, bharate])을 나타내기도 하고 간혹 제2갈래 활용(2P. [bharti])을 따르는 경우도 없지 않다. 본 교재에서는 제3갈래 활용 동사로만 다루고자 한다.

※11.08 이 현상과 관련해서 보다 일반적인 상황을 살펴볼 필요가 있다. 우리가 지금까지 배운 동사의 인칭뒷토는 제일인칭뒷토인데 이것이 동사활용의 기본 인칭뒷토라고 생각하면 되겠다. 제일인칭뒷토가 보다 단순화된 형태로 나타나는 것이 제이인칭뒷토라고 이해하고 배우면 된다. 제이인칭뒷토는 아직 배우지 않았지만 형태상 제일인칭뒷토를 닮았으며 또 축약된 형태라고 이해될 수 있다. 예로 제일인칭뒷토의 3인칭과 2인칭 단수형의 모음이 탈락되면 제이인칭뒷토의 형태가 된다. 또 제일인칭뒷토 1인칭의 양수와 복수에서 -s가 탈락되면 제이인칭뒷토가 된다. 우리가 이렇게 이해하자는 것이 역사적으로 이렇게 발전되었다는 말은 아니다. 역사적인 발전은 반대 방향이다. 역사적으로는 제이인칭뒷토의 확장이 제일인칭뒷토를 만든 것이지 제일인칭뒷토의 축약이 제이인칭뒷토를 만든 것이 아니다. 제이인칭뒷토에 추가 요소가 첨가되어 제일인칭뒷토가 만들어졌다. (☞✤10.08) 그런데 배우는 학습자들은 제일 중요하고 자주 쓰이는 제일인칭뒷토를 먼저 배우고 이것을

기준으로 다른 인칭뒷토들을 배우는 것이 효율적이다. 따라서 이미 배우고 암기한 제일인칭뒷토를 출발점으로 삼아 인칭뒷토들을 설명하고 배우는 것이 낫다.

표10.01 동사의 제일인칭뒷토

	Parasmaipada			Ātmanepada		
	단수	양수	복수	단수	양수	복수
3.	-ti	-tas	-nti / -anti	-te	-ete / -āte	-nte / -ate
2.	-si	-thas	-tha	-se	-ethe / -āthe	-dhve
1.	-mi	-vas	-mas	-e	-vahe	-mahe

표12.01 동사의 제이인칭뒷토

	Parasmaipada			Ātmanepada		
	단수	양수	복수	단수	양수	복수
3.	-t	-tām	-n /-an / -us	-ta	-etām / -ātām	-nta / -ata / -ran
2.	-s	-tam	-ta	-thās	-ethām / -āthām	-dhvam
1.	-m / -am	-va	-ma	-i	-vahi	-mahi

표10.02 동사의 명령형 인칭뒷토

	Parasmaipada			Ātmanepada		
	단수	양수	복수	단수	양수	복수
3.	-tu	-tām	-ntu /-antu	-tām	-etām / ātām	-ntām / -atām
2.	ø/-dhi / -hi	-tam	-ta	-sva	-ethām /-āthām	-dhvam
1.	-āni	-āva	-āma	-ai	-āvahai	-āmahai

위의 세 인칭뒷토의 표에서 3인칭 복수형을 보자. 3인칭 복수 제일인칭뒷토의 근본 형태는 P.에서는 -anti이고 Ā.에서는 -ante라고 볼 수 있다. 그리고 이것의 파생 형태들이 여러 가지로 위의 인칭뒷토 표들에서 나타나고 있다. 하지만 3인칭 복수형에 해당하는 anti, ante, antu, antām, anta 등은 모두 약형이 되면 콧소리 -n-을 잃는 성향이 있다. Ā.의 경우에는 그 앞에 -a로 끝나는 말줄기가 오지 않는 한 모두 -n-을 잃고 약화된다. 이 말은 결국 현재 활용만 놓고 보자면 비고정형 활용의 현재형들에서는 -n-이 사라진다는 뜻이 된다. 그런데 P.에서는 이렇게 -n-이 사라지는 경우가 드물다. 따져보면 P.에서 -n-이 사라져 약화되는 경우는 오직 거듭현상이 일어나는 동사말뿌리 중에서 말줄기가 -a로 끝나지 않을 때뿐이다. 그렇기 때문에 우리는 제3갈래 동사의 P. 3인칭 복수에서 인칭뒷토의 -n-이 나타나지 않는다는 사실을 따로 배우고 익혀둘 필요가 있다.

※11.12 제2갈래의 활용에서 적용되는 내부싼디의 규칙들을 정리하거나 외우려고 하기보다는 주어진 구체적인 활용의 예들을 익히면서 익숙해지도록 하는 편이 배우기에는 좋은 방법이 될 것이다. 내부싼디의 규칙들을 배우려고 하지 않았던 맥락(☞❖02.04)을 상기해 보라.

※11.13(02) 인도 전통을 이해할 때 smṛti와 śruti의 차이는 알고 있어야 한다. 인도 전통에서 베다는 그 자체가 현현된 것으로 간주되기 때문에 그것을 만들어낸 창작자인 인간이 따로 있다고 생각하지 않는다. 베다 자체가 현현되기 위한 매개체로서 영감을 가지고 베다들을 언어 표현으로 발화시킨 사람들, 즉 ṛṣi들이 있을 뿐이라고 주장된다. 따라서 베다의 전승 내용은 "śruti"(들린 것, 들어서 전해진 것)라고 하고, 이후에 사람들이 만들어서 전하는 내용과 대조시킨다. 사람들이 만들어서 전승하게 된 내용은 "smṛti"(기억된 것, 전통, 전승)이라고 한다. 따라서 이 둘은 분명하게 구분된다. 사회적이고 종교적인 규범(dharma)을 다루는 전문 지식 체계인 dharmaśāstra는 전형적이고 대표적인 smṛti이다. 따라서 "smṛti-vid"(smṛti를 아는 자)은 전통에서 전하는

규범 체계를 안다는 의미로 "전통 혹은 규범 체계의 전문가"라는 의미로 사용되는 경우가 많다. 사정이 이러하다 보니 'smṛti-mat"(smṛti를 가진 자)라는 말은 기억력이나 의식하고 감지하는 능력을 갖추었다는 의미에서 "의식/기억이 깨어 있는"이라고 이해할 수도 있고, "전통 혹은 규범 체계를 익혀서 갖추고 있는"이라고 이해할 수도 있다.

표11.10의 2인칭 P. 단수 dviḍḍhi에서는 진짜말끝에서 ṣ가 ṭ가 된다는 사실(☞04.07(05))을 상기하라.

※11.25 앞으로 배우게 될 과거형에서는 제5갈래 동사의 3인칭 복수 Ā.에서 -anta 대신 -ata가 쓰인다.

※11.31 제7갈래 동사의 대표는 √rudh이지만 더 중요한 동사는 √yuj이므로 활용형을 익히는 데에서 선택을 해야 한다면 √yuj를 익히는 편을 권한다.

※11.33 제9갈래 동사의 활용형으로는 √jñā를 익히는 것을 권한다.

※11.36(01) kha를 잘 못 쓰서 왼쪽과 오른쪽의 수직선이 너무 떨어지게 되면 rava로 읽히게 될 수가 있다. 그래서 필기체로 표기를 할 때에 kha를 쓰는데 왼쪽의 획과 오른쪽 수직선을 아예 붙여서 적는 관행이 있다. 아래의 경우가 한 예가 되겠다.

이러한 표기 방식은 현대 인도어의 표기에 종종 사용되는 것으로 보이고 고전쌍쓰끄리땀에 자주 쓰였던 것 같지는 않다. 학습자가 따라하기를 권하지 않는다.

※11.41 사용되는 일이 거의 없는 모음 ḷ은 무시해도 좋겠지만, 적는 방법은 다음

과 같다. 이론적으로만 존재하는 긴 모음 ḹ을 적는 방법도 소개한다.

ḹ

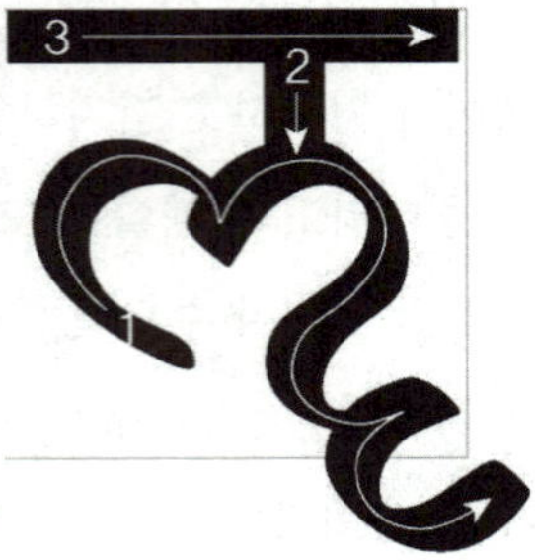

ḷ

연습문제 풀이

▷ 11.01 다음을 데바나가리로 표기하시오.

▷ 11.01(01)	vi ra ṣā sṛ ṛ	वि र षा सृ ऋ
▷ 11.01(02)	yaiḥ auḥ śe oṃ hiṃ	यैः औः शे ओं हिं
▷ 11.01(03)	oḥ vṛ śi eḥ sāḥ	ओः वृ शि एः साः
▷ 11.01(04)	auḥ i rīḥ sṛḥ sāṃ	औः इ रीः सृः सां
▷ 11.01(05)	soḥ ṣī vṝḥ śauṃ yīḥ	सोः षी वॄः शौं यीः
▷ 11.01(06)	aiḥ iśi uśa ṣauḥ riḥ	ऐः इशि उश षौः रिः
▷ 11.01(07)	ṛṣi raiḥ aurā hiṃ ṛta	ऋषि रैः औरा हिं ऋत
▷ 11.01(08)	ṛṣayaḥ śoḥ vai hīṃ sṛṃ	ऋषयः शोः वै हीं सृं
▷ 11.01(09)	eḥ ṣauṃ o vṝ yauḥ	एः षौं ओ वॄ यौः
▷ 11.01(10)	hoḥ uṣāṃ śauḥ sūṃ ṛva	होः उषां शौः सूं ऋव

▷ 11.02 다음 문장을 로마자로 바꾸고 한국어로 옮기시오.

▷ 11.02(01) **स नृपो नलो नाम राजगृहे सुखं जीवति।**

sa nṛpo nalo nāma rājagṛhe sukhaṃ jīvati.

그 "날라"라는 이름의 왕은 왕궁에서 행복하게 산다.

11.02(02) बाल मम रथमिदानीं नय।

bāla, mama ratham idānīṃ naya!

아이야, 내 마차를 지금 가져오거라!

11.02(03) एको नकुलो बिडालेन सह वने चरति ।

eko nakulo biḍālena saha vane carati.

한 몽구스가 고양이와 함께 숲에서 돌아다닌다.

11.02(04) सेवकाः पतेः पादयोः पतन्ति दानं च निदधति।

sevakāḥ pateḥ pādayoḥ patanti dānaṃ ca nidadhati.

하인들은 주인의 발아래 엎드리고 선물을 내려놓았다.

11.02(05) एकदा स देवः सोमं पिबति भृशमहिं विजयति च ।

ekadā sa devaḥ somaṃ pibati bhṛśam ahiṃ vijayati ca.

어느 때 그 신은 쏘마를 마시고 강력한 뱀을 무찔렀다.

11.03 다음 문장을 데바나라기로 표기하고 한국어로 옮기시오.

11.03(01) tava sakhī muneḥ kathāṃ śṛṇoti.

तव सखी मुनेः कथां श्रृणोति ।

너의 시녀는 성자의 이야기를 듣는다.

11.03(02) yā nṛpaṃ śapati tāṃ nārīṃ vīrau pathe jānītaḥ.

या नृपं शपति तां नारीं वीरौ पथे जानीतः।

왕에게 저주를 내린 그 여인을 두 영웅은 길에서 알아본다.

11.03(03) yadi devāya yajate tadā paśuṃ labhata iti yathāvacanaṃ devāyopahāraṃ dine dine juhudhi.

यदि देवाय यजते तदा पशुं लभत इति यथावचनं देवायोपहारं दिने दिने जुहुधि।

신에게 제사를 지내면 가축을 얻는다. 그러니 말 그대로 신에게 너는 매일 공물을 바치도록 하라!

11.03(04) ekaḥ puruṣo bhuvi sīdati somam akuśalaṃ sunoti ca. he somam iha devatāyai sunavānīti bhāṣe.

एकः पुरुषो भुवि सीदति सोममकुशलं सुनोति च। हे सोममिह देवतायै सुनवानीति भाषे।

땅에 어떤 사람이 앉아 쏘마를 서투르게 짠다. "여보게, 이 경우에는 내가 신을 위해 쏘마를 짜게 해 주시오!"라고 내가 말한다.

11.03(05) yadā yadā devālayam ivas tadā tadā mama mātā dūrād api devālayam eti.

यदा यदा देवालयमिवस्तदा तदा मम माता दूरादपि देवालयमेति।

우리 둘이 신전에 갈 때마다 내 어머니는 멀리에서라도 신전에 간다.

11.04 다음 문장을 한국어로 옮기시오.

11.04(01) yad yūyaṃ kurvanti tat kāryaṃ brūta.

너희들이 한 일을 말해라!

11.04(02) kumāra mā rudihīti mārge sundarī nārī bravīti.

"소년이여, 울지 마라!"라고 길에서 아름다운 여인이 말한다.

11.04(03) yad vacāmi tat sevakāḥ śṛṇvantu.

내가 말하는 것을 하인들이 듣게 하라!

11.04(04) yāvat sarve jantavo bhuvā utpatanti tāvad ahaṃ bhuvaṃ mātaram iva manye.

모든 생명체가 땅에서(bhuvāḥ) 나오는 한, 나는 땅을 어머니처럼 여긴다.

11.04(05) yataḥ paśupatir atīva kupyati tataḥ sa śatroḥ śarīraṃ chinatti sma.

쉬바(가축의 신)는 매우 화가 나서 적의 몸을 잘랐다.

11.04(06) yā naryaḥ kiṃ cin na jānanti tāḥ kaś cana na pariṇayati.

그 누구도 아무것도 모르는 여자들과 결혼하지는 않는다.

11.04(07) sā devī bhuvi tiṣṭhaty api bhūs tāṃ na badhnāti.

그 여신이 땅에 서 있음에도 불구하고 땅은 그녀를 속박하지 않는다.

11.05 다음 이야기를 한국어로 옮기시오. (gaṇikā-vānara-kathā)

11.05(01) asti kasmiṃś cid deśe brahmapuraṃ nāma nagaram. yo 'muṣya samīpe parvatas tiṣṭhati tasmin ghaṇṭākarṇo nāma rākṣaso vasatīti pravādaḥ. ekadā ye caurā ghaṇṭāṃ corayanti naragāt parvatāya ca yanti tān vyāghro hanty aśnati ca. paścād vānarās tyaktāṃ ghaṇṭāṃ labhante sarvadā ca vādayanti sma. tato nagarasya janās tāṃś caurān vyāghreṇa hatāñ jānanti sma.

어떤 곳에 "브라흐마-뿌라"라고 불리는 마을이 있었다. 그 근처에 산이 있고, 거기에 "간따-까르나(징-귀)"라는 이름의 락사싸가 산다는 소문이 있다. 어느 날 마을에서 징을 훔쳐 숲을 향해 가는 도둑들을 호랑이가 죽였고 그리고 잡아먹는다. 그 이후 버려진 종을 원숭이들이 획득했고 계속해서 울렸다. 그리하여 마을의 사람들은 그 도둑들이 호랑이에 의해서 죽었다는 것을 알았다.

11.05(02) yataḥ kiṃ tu ghaṇṭāyāḥ śabdaṃ sarvadā śṛṇvanti tata evaṃ pravādo bhavati sma. ghaṇṭākarṇo nāma rākṣasaḥ kupito janaṃ hanty aśnāti ca tatkālaṃ ghaṇṭāṃ vādayatīti pravādād bahavo janā nagaraṃ tyajanti sma.

그러나 계속해서 종소리를 들었기 때문에 다음과 같은 소문이 나타났다. "이름하여 '간따-까르나'라는 락사싸가 화가 나서 사람(들)을 죽이고 잡아먹고 그때에 종을 울린다."라는 소문 때문에 많은 사람들이 마을을 떠나갔다.

▷ 11.05(03) atha kā cid gaṇikā cintayati. ghaṇṭā śabdam aprāptakālaṃ karotīti. dhiyā ca kāraṇam anvīkṣate sma. tataḥ ke cid vānarā ghaṇṭāṃ vādayantīti sā svayaṃ jānāti. sā ca nṛpasya sthānam eti taṃ bravīti ca. nṛpa, yadi devo me dhanaṃ dadāti tarhy aham etasya ghaṇṭākarṇasya rākṣasasya kaṣṭaṃ kāryaṃ ruṇadhmīti. yo 'yaṃ nṛpo rākṣasaṃ dveṣṭi sa tasyai gaṇikāyai dhanaṃ dadāti sma.

그런데 어떤 기녀가 생각한다. "종이 적절하지 않은 때에 소리를 낸다."라고. 그리고 이유를 신중하게 살펴보았다. 그리하여 어떤 원숭이들이 종을 울린다는 것을 스스로 안다. 그리고 그녀는 왕이 있는 곳으로 가서 그에게 말한다. "왕이시여, 만약 나에게 재물을 주신다면 제가 이 간따까르나 락사싸의 나쁜 행위를 막겠습니다."라고. 락사싸를 싫어하는 그 왕은 그 기녀에게 재물을 주었다.

▷ 11.05(04) tatra sā gaṇikā hy anṛtād devebhyaḥ paśūñ juhoti yajñaṃ karoti ca. paścāt sā vānarāṇāṃ priyāṇi phalāni parvataṃ harati tatra ca tebhyo vānarebhyas tāni phalāni dadāti sma. tatas te vānarā vṛkṣād bhuvaṃ yanti ghaṇṭāṃ tyajanti ca phalāny aśnanti ca. tato gaṇikā tāṃ ghaṇṭāṃ labhate nagaraṃ ca punar āgacchati. tasmāt sarvair janair paramaṃ gauravaṃ sā gaṇikā labhate.

그때 그 기녀는 거짓으로 신들에게 가축들을 바치고 제사를 지낸다. 나중에 그녀는 원숭이들이 좋아하는 열매들을 산으로 들고 가서 그리고 그곳에서 그 원숭이들에게 그 열매들을 주었다. 그래서 그 원숭이들은 나무로부터 땅으로 와서 종을 버리고 그리고 열매들을 먹는다. 그리하여 기녀는 그 종을 획

득하여 마을로 다시 돌아간다. 따라서 그 기녀는 마을 사람들로부터 최고의 존경을 받게 되었다.

▷ 11.05(05) śabdasya kāraṇam na jānāti śabdād eva na bibhetu.

śabdasya kāraṇasya prajñāyā gaṇikā paramaṃ gauravaṃ labhate.

소리의 이유를 알지 못하고 단지 소리를 두려워하지 말지니!

소리의 이유를 간파하여(←이유의 통찰을 통해) 기녀는 최고의 존경을 얻었다.

제12과

संस्कृतवाक्योपक्रिया

※12.01 동사활용의 특정한 형태를 나타내는 이름을 배울 때에는 그 이름이 당연히 그 동사활용이 나타내는 의미라거나 혹은 그 활용의 쓰임에 대한 암시를 담고 있을 것이라고 우리는 기대한다. 하지만 앞으로 배우게 될 대다수의 동사활용 형태를 지칭하는 영어와 쌍쓰끄리땀 이름에 대해서는 그 활용형의 이름이 그 활용형의 쓰임이나 의미에 대한 암시를 담고 있다는 생각을 버려야 한다. 이것이 동사활용을 배울 때 처음 시작되는 오해의 단서를 없애는 데에 도움이 된다. 우리가 현재형을 벗어나 처음으로 배우게 될 과거형(imperfect) 활용도 마찬가지이다. 에스파냐어나 프랑스어에서 "imperfect"라는 문법 용어를 배운 사람이라면 이 형태가 과거를 나타내기는 하지만 완료형(perfect)으로 서술하기 적당하지 않은 과거를 나타내는 활용 형태라는 예측을 하게 될 것이다. 이것은 같은 로망스어 계통에 속하는 라틴어의 경우에도 마찬가지이다. "imperfect"라는 용어가 라틴어의 "imperfectus"(끝나지 않은)에서 온 말이고 이것은 고전그리스어에서 "paratatikós"(이어지는)에 해당하는 용어이기 때문에 이러한 추측은 당연하다. 이 추측에 따르면 imperfect-형태라는 것은 때매김상 과거를 나타내지만 모매김(aspect)상으로는 imperfective aspect 즉, 완료되지 않거나 못하는 동작이나 상태를 나타내는 활용이 되어야 한다. 다시 말해서 모매김상으로는 계속되거나 혹은 항상 반복되거나 지속되는 상태를 나타내는 표현이라서 완료형으로 나타내기에 부적절한 사태를 서술하는 형태여야 한다는 것이다. 하지만 우리는 쌍쓰끄리땀에서 이러한 추측은 하지 말아야 한다.

우선 쌍쓰끄리땀에 나타나는 특정한 활용의 형태를 "imperfect"라고 부르는 이유는 있다. 쌍쓰끄리땀의 동사활용 형태의 외형만을 볼 때, 다시 말해서 형태론상으로 볼 때, 이와 일치하는 동사활용이 고전그리스어와 라틴어에도 나타나는데 이것들을 "imperfect"라고 부르기 때문에 쌍쓰끄리땀에서도 똑같이 이 용어를 사용하게 된 것이다. 이것은 역사적으로 인도유럽어에 속하는 고전어들이 공유하는 활용 형태가 있어서 가능하게 된 것이다. 따라서 쌍쓰끄리땀에서도 "imperfect"라고 불리는 활용 형태는 과거를 나타내는 의미상의 큰 공통점을 가지고 있기는 하다. 하지만 활용의 형태가 같다는 이유로 붙여진 이름 때문에 쌍쓰끄리땀에서 그 활용 형태가 사용될 때의 의미를 유추해서는 안 된다. 이미 영어나 독일어에서 사용되는 "imperfect"라는 용어의 의미가 고전그리스어나 라틴어와는 달라지는 상황이 벌어지고 있듯이, 쌍쓰끄리땀에서 사용되는 imperfect의 형태는 의미가 라틴어나 고전그리스어와는 다르다. 따라서 서구 학자들이 "imperfect"라고 부르게 된 데에는 역사적인 정당성이 충분히 있고 또한 이미 국제 학계가 이 관행을 따르기 때문에 우리도 같은 용어를 사용할 수밖에 없겠지만, 학습자들은 활용형의 이름이 "imperfect"라고 해서 쌍쓰끄리땀에서 이 활용형의 의미가 imperfect를 나타낸다고 생각해서는 안 된다. 따라서 쌍쓰끄리땀의 imperfect가 의미상 고전그리스어처럼 반복적으로 일어나던 과거를 가리킨다거나 라틴어에서처럼 과거의 반복된 동작이나 과거의 진행중이던 동작을 나타낸다고 생각하지 말아야 한다. 그리고 이렇게 설명되어 있는 imperfect에 대한 서술을 쌍쓰끄리땀에 투사하지 말아야 한다.

이상의 맥락 때문에 필자는 한국어 번역에서 "imperfect"를 "반과거"라거나 "미완료" 등으로 번역하지 않고 "과거형"이라는 용어를 택했다. 쌍쓰끄리땀을 배우는 맥락에서는 이 활용형의 의미를 가장 정확하게 반영하는 용어를 택한 것이다. 하지만 영어의 "imperfect"라는 용어를 아예 폐기 처분하지는 않았다. 이 용어를 사용하는 수많은 사전을 포함한 참고 자료들을 학습자들이 활용하려면 당연히 우리가 "과거형"이라고 부르는 활용이 영어로 "past"가 아니고 "imperfect"라는 사실을 알아야 하기 때문이다.

이렇게 용어의 의미에 대한 선입견을 버려야 한다는 점이 분명해졌다면 쌍쓰끄리땀 전통 자체에서 "imperfect"의 형태를 부르는 이름에서도 사정이 비슷하다는 것을 알아야 한다. 우선 빠니니가 사용하는 전문용어 "LAṄ"은 동사활용을 서술하기 위한 개념이라는 것을 나타내기 위해 사용되는 일반적인 표지소리 "L"에 표지소리 "Ṅ"을 추가한 것이다. 이렇게 해서 이 표지소리가 제이인칭뒷토를 사용하여 이루어지는 동사의 활용 과정을 규정하는 역할을 한다. 이와 비슷한 경우들로 네 개의 L-요소, LAṄ, LIṄ, LUṄ, LṚṄ의 경우가 있다. 따라서 빠니니가 사용하는 문법적인 전문용어는 imperfect-형태의 의미와 사용 방식을 이해하는 일과는 거리가 멀다. 다시 말해서 이 활용의 형태를 만들어 낼 수 있는 형태상의 문법 조작의 과정을 효율적으로 규정하기 위한 목적에 맞게 그 이름을 붙이고 있을 뿐이다. 결국 쌍쓰끄리땀에서 사용하는 "imperfect"에 해당하는 공식 전문용어도 형태상으로만 활용 과정을 규정하기 위한 이름인 셈이다. 그 의미를 따지는 것과는 아예 거리가 멀다. 따라서 "반과거"라거나 "미완료"처럼 의미의 맥락을 규정하는 이름을 사용하는 데에 익숙한 한국의 학습자들에게는 이름 붙이는 방식이 생소하게 느껴질 것이다.

빠니니가 과거형에 대해서 그 의미를 아예 규정하지 않는 것은 아니다. 빠니니는 "anadyatanabhūte LAṄ"이라고 해서 "오늘과 관계되지 않는 [과거]"라고 이 활용 형태의 의미를 설명하고 있는데, 이 설명의 정확한 내용이나 의도는 불명확하고, 또 실제 과거형이 사용되는 맥락과도 맞지 않다. 따라서 필자는 과거형을 설명하면서 유럽의 문법학 전통에서 제공하는 설명이나 빠니니 전통이 제공하는 설명 모두 크게 고려하지 않고자 한다.

※12.02(01) 쌍쓰끄리땀의 서사시 텍스트들에서는 과거를 나타내는 보탬말 a-가 과거형에서 탈락되는 경우가 드물지 않게 있다. 이러한 표준에서 벗어난 형태들에 대해서 초보 학습자들이 파악하고 있어야 할 이유는 없다. 다만, 앞으로 실제 역사적으로 주어진 언어 자료들을 다루는 경우에는 지금 배우는 표준 문법에 맞지 않는 형태들을 만날 수 있다는 것만 생각하고 있으면 된다.

※12.05(02) 여기에 제시된 동사들이 제7갈래 동사들 중에서 가장 자주 등장하는 중요한 동사들이라고 할 수 있다. 똑같은 상황이 일어나는 동사를 추가로 들자면 √piṣ 7P. [pinaṣṭi] "짓이겨 갈다, 가루를 내다, 파괴하다"를 들 수 있다.

√piṣ "짓이겨 갈다" pinaṣ- / piṅṣ-

과거 3인칭 단수: a-pinaṣ-t → apinaṭ

과거 2인칭 단수: a-pinaṣ-s → apinaṭ

하지만 모음 인칭뒷토가 붙는 경우, 과거 1인칭 단수: a-pinaṣ-am → apinaṣam

※12.13 "영광, 영예, 명예"를 의미하는 tejas는 중성명사이다. 따라서 임자격은 tejaḥ이다. 하지만 남성명사의 곡용을 따른다면 임자격은 tejāḥ가 되어야 한다. bṛhat-tejaḥ는 "그 사람의 명예가 높은"이라는 뜻을 가진 형용사이고 나중에 나타날 예문(☞예문21.05)에서는 남성인 nala를 수식하기 때문에 남성으로 곡용되어야 한다. 이렇게 우리는 아래의 예문을 이해할 수 있다.

예문21.05 bṛhattejā nalo rājyaṃ karoti.

드높은 영예를 지닌 날라가 왕권을 행한다.

여기에서 bṛhat-tejaḥ나 kaṣṭa-tapaḥ나 모두 bahuvrīhi-겹낱말이다. 이에 대해서는 나중에 (☞✣21.01 이하) 배우게 될 것이다.

남성형으로 -as 끝자음명사에 해당되는 드문 단어로는 candramas [m.] "달"과 vedhas [m.] "종교적으로 훌륭한 사람, 신앙심이 깊은 사람, 현명한 사람" 등을 들 수 있다. 또한 "천녀, 요정"을 나타내는 단어는 여성형으로 apsaras뿐 아니라 apsarā라는 형태의 단어도 사용된다.

※12.14 √han 2P. [hanti] "죽이다, 때리다"의 과거형 3인칭은 단수, 양수, 복수가 ahan, aghnatām, aghnan이 된다.

※12.24 물론 hṇa를 표기할 때에도 ṇa는 지금 표기된 글자 모양이 아니라 그림 10.01에서 소개한 모양을 적을 것을 권한다.

※12.28 이제 데바나가리를 사용하기 위해 필요한 지식을 모두 습득하게 된 이상 학습자들에게는 반복적인 연습이 필요할 것이다. 우리가 구체적으로 배운 적이 없는 문자들의 결합도 모두 일반 원칙과 상식에 따라 어려움 없이 이

해할 수 있을 것이다. 필사본을 읽는 일은 당장 필요하지는 않을 것이라 판단되지만, 개별 필사자의 개인적인 습관이나 기록 방식의 차이는 항상 개별 필사본의 일부를 읽어 가면서 파악해야 하기 때문에 일반론으로 다룰 수 있는 것은 아니다. 그리고 이러한 맥락에서 활용 가능한 자료들은 따로 소개되어야 한다. 인쇄된 출판물에서 사용되는 문자체들은 표준적인 표기에서 벗어나는 일이 없기 때문에 읽는 데에 큰 어려움은 없을 것이다.

로마자로 표기할 때에는 의미의 단위를 고려해서 띄어쓰기를 한다. 그런데 그렇게 하면 로마자 표기를 통해 이미 문장의 내용에 대한 표기자의 이해가 반영되는 것은 피할 수 없다. 사정이 그러하다 보니, 불분명하거나 다된말의 경계를 긋는 일에 유보적인 입장을 드러내고자 하는 특별한 경우가 있다면 로마자 표기에서도 띄어쓰기를 유보할 수 있다. 아주 예외적인 경우에 있을 수 있는 일이다. 하지만 일관된 표기의 원칙을 지켜야 한다는 사실은 유념하기 바란다.

연습문제 풀이

▷ 12.01 다음에 보이는 인쇄된 책 페이지의 내용을 로마자로 옮기시오. 로마자의 띄어쓰기와 막대부호(daṇḍa)의 뒤에 표기된 숫자들은 무시하라.

▷ 12.01(01)

मार्कण्डेय उवाच ।

यदाभिषिक्तो भगवान्सेनापत्येन पावकिः ।
तदा संप्रस्थितः श्रीमान्हृष्टो भद्रवटं हरः ।
रथेनादित्यवर्णेन पार्वत्या सहितः प्रभुः ॥ १
सहस्रं तस्य सिंहानां तस्मिन्युक्तं रथोत्तमे ।
उत्पपात दिवं शुभ्रं कालेनाभिप्रचोदितः ॥ २
ते पिबन्त इवाकाशं त्रासयन्तश्चराचरान् ।
सिंहा नभस्यगच्छन्त नदन्तश्चारुकेसराः ॥ ३
तस्मिन्रथे पशुपतिः स्थितो भात्युमया सह ।
विद्युता सहितः सूर्यः सेन्द्रचापे घने यथा ॥ ४

mārkaṇḍeya uvāca

yadābhiṣikto bhagavān senāpatyena pāvakiḥ

tadā saṃprasthitaḥ śrīmān hṛṣṭo bhadravaṭaṃ haraḥ

rathenādityavarṇena pārvatyā sahitaḥ prabhuḥ [1]

sahasraṃ tasya siṃhānāṃ tasmin yuktaṃ rathottame

utpapāta divaṃ śubhraṃ kālenābhipracoditaḥ [2]

te pibanta ivākāśaṃ trāsayantaś carācarān

siṃhā nabhasy agacchanta nadantaś cārukesarāḥ [3]

tasmin rathe paśupatiḥ sthito bhāty umayā saha

vidyutā sahitaḥ sūryaḥ sendracāpe ghane yathā [4]

▷ 12.01(02)

अग्रतस्तस्य भगवान्धनेशो गुह्यकैः सह ।
आस्थाय रुचिरं याति पुष्पकं नरवाहनः ॥ ५
ऐरावतं समास्थाय शक्रश्चापि सुरैः सह ।
पृष्ठतोऽनुययौ यान्तं वरदं वृषभध्वजम् ॥ ६
जम्भकैर्यक्षरक्षोभिः स्रग्विभिः समलंकृतः ।
यात्यमोघो महायक्षो दक्षिणं पक्षमास्थितः ॥ ७
तस्य दक्षिणतो देवा मरुतश्चित्रयोधिनः ।
गच्छन्ति वसुभिः सार्धं रुद्रैश्च सह संगताः ॥ ८
यमश्च मृत्युना सार्धं सर्वतः परिवारितः ।
घोरैर्व्याधिशतैर्याति घोररूपवपुस्तथा ॥ ९

agratas tasya bhagavān dhaneśo guhyakaiḥ saha
āsthāya ruciraṃ yāti puṣpakaṃ naravāhanaḥ [5]
airāvataṃ samāsthāya śakraś cāpi suraiḥ saha
pṛṣṭhato 'nuyayau yāntaṃ varadaṃ vṛṣabhadhvajam [6]
jambhakair yakṣarakṣobhiḥ sragvibhiḥ samalaṃkṛtaḥ
yāty amogho mahāyakṣo dakṣiṇaṃ pakṣam āsthitaḥ [7]
tasya dakṣiṇato devā marutaś citrayodhinaḥ
gacchanti vasubhiḥ sārdhaṃ rudraiś ca saha saṃgatāḥ [8]
yamaś ca mṛtyunā sārdhaṃ sarvataḥ parivāritaḥ
ghorair vyādhiśatair yāti ghorarūpavapus tathā [9]

✔ 여기 제시된 인쇄본 페이지들은 인도의 양대 서사시인 『마하바라따』의 문헌비평편본을 제시한 것이다. 앞으로 자주 접하게 될 자료이기도 하고 활자를 활용한 인쇄의 전형적인 예가 되는 텍스트인지라 제시한 것이다. 현재 본 교재에서 사용하는 폰트를 활용한 글자체와는 다른 느낌을 받겠지만, 적응하는 일이 크게 어렵지 않다는 것을 느껴보기 바란다.

▷ 12.02 다음 문장을 데바나라기로 표기하고 한국어로 옮기시오.

▷ 12.02(01) āsīd nṛpo nalo nāma. sa sarvataḥ svadharmam akarot satye ca sarvadātiṣṭhat.

आसीन्नृपो नलो नाम। स सर्वतः स्वधर्ममकरोत्सत्ये च सर्वदातिष्ठत्।

"날라"라는 이름의 왕이 있었다. 그는 모든 면에서 자신의 의무를 행했고 항상 진실됨에 머물렀다.

▷ 12.02(02) mohena tasya manasi pitre krodha udapadyata.

मोहेन तस्य मनसि पित्रे क्रोध उदपद्यत।

어리석음으로 인해 그의 마음에서 아버지에 대한 분노가 생겨났다.

D 12.02(03) kuto gṛhaṃ nāgacchatam? punaḥ kim iha paśuṃ rakṣatho gopasya sthāne?

कुतो गृहं नागच्छतम्। पुनः किमिह पशुं रक्षथो गोपस्य स्थाने।

왜 너희 둘은 집에 가지 않았는가? 그리고 왜 여기에서 목동 대신에 가축을 지키고 있는가?

D 12.02(04) sevakāḥ śīghraṃ rathaṃ teṣāṃ pataye 'nayan.

सेवकाः शीघ्रं रथं तेषां पतये ऽनयन्।

하인들은 빠른 마차를 그들의 주인에게 가져갔다.

D 12.02(05) yasmāt so 'cakṣur abhavat tasmāt tasya bhāryayā vinā guroḥ samīpaṃ nāgacchat.

यस्मात्सो ऽचक्षुरभवत्तस्मात्तस्य भार्यया विना गुरोः समीपं नागच्छत्।

그는 맹인이었기 때문에 그의 부인 없이는 스승이 있는 곳으로 가지 못했다.

D 12.02(06) ye nṛpā yajñe bahūni havīṃṣy ajuhavus teṣāṃ kāmaḥ śatrūṇāṃ mṛte ca bhuvi cāsīt.

ये नृपा यज्ञे बहूनि हवींष्यजुहवुस्तेषां कामः शत्रूणां मृते च भुवि चासीत्।

제사에서 많은 공물들을 마친 왕들이 있었는데, 그들이 원하는 바는 적들의 죽음과 땅이었다.

✔ kāma의 대상이 되는 것을 곳때격으로 표현하고 있다. "바라는 바가 ~에 놓여 있다"라고 이해하면 되겠다.

D 12.02(07) yo nalaḥ sumanāḥ sumukhaś ca tasmin damayanty asnihyat.

यो नलः सुमनाः सुमुखश्च तस्मिन्दमयन्त्यस्निह्यत्।

다마얀띠는 마음씨 좋고 잘생긴 날라를 사랑했다.

12.02(08) yad ācārya upādiśat tat sa kumāro nāsmarad nāpaṭhac ca.

यदाचार्य उपादिशत्तत्स कुमारो नास्मरद्नापठच्च।

스승이 가르쳤던 것을 그 소년은 기억하지 못했고 낭송하지 못했다.

12.02(09) yāvat kṛṣṇas tasmin nagare 'tiṣṭhat tāvaj janā na kasmāc canābibhayuḥ.

यावत्कृष्णस्तस्मिन्नगरे ऽतिष्ठत्तावज्जना न कस्माच्चनाबिभयुः।

끄리스나가 그 도시에 머무르는 동안 사람들은 아무것도 (cana, ✤08.23) 두려워하지(abibhayur) 않았다.

12.02(10) yau tatra dharmaṃ samavadatāṃ tau mama bhrātarāv iti sa mām adya vadati.

यौ तत्र धर्मं समवदतां तौ मम भ्रातराविति स मामद्य वदति।

"거기에서 규범에 대해 토론했던 두 사람은 나의 형제들이다."라고 그가 나에게 오늘 말한다.

12.02(11) yo dharmavidyas tām atyajad araṇyaṃ praty agacchat taṃ sā dvāre 'ruṇat.

यो धर्मविद्यस्तामत्यजदरण्यं प्रत्यगच्छत्तं सा द्वारे ऽरुणत्।

그녀를 버리고 숲을 향해 가는 그 다르마를 아는 자를, 그녀가 문에서 막았다.

12.02(12) te mūrkhā na kiṃ cid ajānann api svān sarvajñān amanyanta.

ते मूर्खा न किं चिदजानन्नपि स्वान्सर्वज्ञानमन्यन्त।

그 바보들은 아무것도 모름에도 불구하고 자신들을 모든 것을 아는 자들이라고 생각했다.

12.02(13) sūryād ivodarciṣo garbhād viśvaṃ jagad udapadyatety ṛṣayc 'bhāṣanta.

सूर्यादिवोदर्चिषो गर्भाद्विश्वं जगदुदपद्यतेत्यृषयो ऽभाषन्त।

태양처럼 빛나는 알에서부터 세계 전체가 나왔다고 성인들이 말했다.

▷ 12.02(14) yadā rākṣasād abibhes tadā vīraḥ kṛṣṇo nāma tvāṃ tasmād arakṣat.

यदा राक्षसादबिभेस्तदा वीरः कृष्णो नाम त्वां तस्मादरक्षत्।

네가 락사싸를 두려워하고 있었을 때 "끄리스나"라는 이름의 영웅이 그로부터 너를 지켜주었다.

▷ 12.03 다음 이야기를 한국어로 옮기시오. (siṃha-mūṣika-kathā)

▷ 12.03(01) अस्त्येकदेशे पर्वते दुर्दान्तो नाम वीरः सिंहः। यः सिंहः पर्वते निद्रामकरोत्तस्य केशरं कश्चिन्मूषिकः प्रतिदिनमच्छिनत्। यदा केशरस्याग्रं छिन्नमपश्यत्तदा स सिंहो ऽत्यन्तमक्रुध्यत्। किं तु यतो मूषिको विवरस्यान्तरे ऽतिष्ठत्ततः स सिंहस्तं नालभत।

asty ekadeśe parvate durdānto nāma vīraḥ siṃhaḥ. yaḥ siṃhaḥ parvate nidrām akarot tasya keśaraṃ kaś cin mūṣikaḥ pratidinam acchinat. yadā keśarasyāgraṃ chinnam apaśyat tadā sa siṃho 'tyantam akrudhyat. kiṃ tu yato mūṣiko vivarasyāntare 'tiṣṭhat tataḥ sa siṃhas taṃ nālabhata.

옛날 옛적, 어느 곳의 산에 "두르단따"(길들여지지 않는 자)라고 불리는 힘센 사자가 있었다. 산에서 잠을 자는 그 사자의 갈기를 매일 어떤 쥐가 잘랐다. 갈기의 끝이 잘려진 것을 보았을 때 그 사자는 매우 화가 났다. 그러나 쥐가 구멍 안에 머물렀기 때문에 그 사자는 그 쥐를 잡지 못했다.

▷ 12.03(02) ततः सो ऽचिन्तयत्। यदि तस्य मूषिकस्य सदृशं रक्षितारं लभे तर्हि कदाचिन्मूषिको विगतो भवतीति। अथ सिंहो ग्राममगच्छत्। तत्र सिंहो

दधिकर्णाय नाम बिडालाय बहूनाहारानददात्। तेन स बिडालस्तस्मिन्सिंहे विश्वासमकरोत्। ततो बिडालः सिंहेन सह पर्वते प्रत्यवसत्।

tataḥ so 'cintayat. yadi tasya mūṣikasya sadṛśaṃ rakṣitāraṃ labhe tarhi kadā cin mūṣiko vigato bhavatīti. atha siṃho grāmam agacchat. tatra siṃho dadhikarṇāya nāma biḍālāya bahūn āhārān adadāt. tena sa biḍālas tasmin siṃhe viśvāsam akarot. tato biḍālaḥ siṃhena saha parvate pratyavasat.

그리하여 그가 생각했다. "만약 내가 그 쥐와 비슷한 경비원을 구한다면, 언젠가 그 쥐는 죽게 될 것이다."라고. 그리하여 사자는 마을로 갔다. 그곳에서 "다디까르나" (우유귀)라는 이름의 고양이에게 사자는 많은 음식들을 주었다. 그리하여 그 고양이는 그 사자를 신뢰하게 되었다. 그리하여 고양이는 사자와 함께 산에서 살게 되었다.

▷ 12.03(03) पश्चाद्यो मूषिक एव बिडालादबिभेत्सो ऽपि विवरान्न निरसरत्। तेनासौ सिंहः सुखेन निद्रामलभत। अथ स मूषिक आहारं नालभत दुःखितश्चाभवत्। ततः स क्षुधया विवरान्निरसरत्किं तु बिडालेन गृहितो हतश्च।

paścād yo mūṣika eva biḍālād abibhet so 'pi vivarān na nirasarat. tenāsau siṃhaḥ sukhena nidrām alabhata. atha sa mūṣika āhāraṃ nālabhata duḥkhitaś cābhavat. tataḥ sa kṣudhayā vivarān nirasarat kiṃ tu biḍālena gṛhito hataś ca.

이후에 고양이를 무서워한 바로 그 쥐는 구멍으로부터 나오지 않았다. 그리하여 이 사자는 행복하게 잠에 들었다. 그런데 그 쥐는 음식을 구하지 못하여 고통받게 되었다. 그리하여 그는 배가 고파 구멍으로부터 나왔는데, 고양이에 의해 잡혀 죽게 되었다.

▷ 12.03(04) पश्चाद्यावत्स सिंहो मूषिकं नापश्यत्तावद्बिडालस्य प्रयोगो नाभवत्।

तस्मात्सिंहस्तस्मै बिडालाय न यथापूर्वमाहारमददात्। क्षुधयैव बिडालो दुःखितो ऽभवदचिरं विगतो ऽभवत्।

paścād yāvat sa siṃho mūṣikaṃ nāpaśyat tāvad biḍālasya prayogo nābhavad. tasmāt siṃhas tasmai biḍālāya na yathāpūrvam āhāram adadāt. kṣudhayaiva biḍālo duḥkhito 'bhavad aciraṃ vigato 'bhavat.

나중에 그 사자가 쥐를 보지 않는 만큼 고양이가 필요 없게 되었다. 그래서 사자는 그 고양이에게 먹을 것을 예전과 같이 주지는 않았다. 고양이는 바로 굶주림 때문에 고통스러워했고 오래지 않아 죽게 되었다.

제13과
संस्कृतवाक्योपक्रिया

※13.01 쌈쁘라싸라나(samprasāraṇa)는 결국 모음의 약화 현상이라고 할 수 있다. 앞서 제3갈래 동사의 경우를 중심으로 배운 거듭의 경우에도 samprasāraṇa가 적용되는 일이 있고 다른 활용 형태들에서도 samprasāraṇa가 나타나지만, 구체적으로 10개가 되지 못하는 적은 수의 동사들의 활용에서 나타나기 때문에 중요한 동사들을 중심으로 samprasāraṇa가 적용되는 형태들을 몇 가지 익히면 된다고 생각하는 것이 학습자들에게는 가장 쉬운 접근법이다. samprasāraṇa가 나타나는 동사들을 그 수동형 3인칭 단수와 함께 제시하자면 아래와 같다. √vas → uṣyate; √grah → gṛhyate; √vac → ucyate; √pracch → pṛcchyate; √vah → uhyate; √yaj → ijyate; √hve → hūyate.

그런데 samprasāraṇa와 관련해서는 역사적으로 복잡한 사정이 얽혀 있어서, 짧게 이에 대해 설명하고자 한다. 반드시 알아야 할 내용은 아니지만, 왜 "samprasāraṇa"라는 용어를 만들어 내서 따로 설명하고 익혀야 하는지에 대해 이해할 수 있고, 전체적인 인도 문법전통에서 동사활용을 설명하는 방식에 대해 이해할 수 있는 면도 있어서 이 설명을 덧붙이고자 한다. 더 크게는 인도 고전어를 깊이 있게 공부하고자 할 때 알아 두어야 할 역사적인 연구사의 배경과 중요한 용어를 소개한다는 의미도 있다. "samprasāraṇa"라는 용어는 인도 문법전통에서 사용된 데에서 비롯된다. Pāṇini 1.1.45에서 제시된 정의를 기준으로 해서 사용된다. Pāṇini 1.1.45는 아래와 같다.

1.1.45 **इग्यणः सम्प्रसारणम्।** igyaṇaḥ samprasāraṇam. (iK-yaṆaḥ samprasāraṇam.)

"samprasāraṇa"라는 전문용어는 iK, 즉 i, u, ṛ, ḷ이 yaṆ, 즉 y, v, r, l의 자리에 대체해서 나타나는 것이다.

결국 간단하게 말하자면 samprasāraṇa는 반모음 ya, va, ra가 각각에 해당하는 모음 i, u, ṛ가 되는 경우를 가리키는 전문용어라는 설명이다. 반모음의 모음화가 samprasāraṇa인 셈이다. 빠니니의 쑤뜨라처럼 이론적인 설명에서는 반모음 la가 모음 ḷ로 바뀌는 경우도 포함시키지만 현실적으로 적용되는 경우가 없다. 따라서 la가 ḷ로 바뀌는 경우에 대해서는 고려할 필요가 없다. 우선 반모음의 모음화를 "samprasāraṇa"라고 부른 이유는 무엇일지 추측이 일정 정도는 가능하다. 이 용어의 의미는 "확장"이라고 번역될 수 있을 것인데, 일반적으로 반모음이 모음의 영역까지 자신의 역할을 확장시킨다는 의미로 이해된다. 그렇다면 "확장"은 이렇게 반모음이 모음으로 변화되는 현상 자체를 가리키는 말인지 아니면 이렇게 반모음이 변화되어 만들어진 모음 자체를 가리키는지 의문이 든다. 빠니니에 대한 주석서인 *Kāśikā*는 이 "samprasārana"라는 용어가 두 가지 의미 모두로 사용된다고 말하고 있다. 주석서가 제시한 예들은 yaj- → iṣ-ṭam; vap- → up-tam; grah- → gṛh-ītam이 있다. 결국 동사말뿌리나 뒷토에서 반모음의 뒤에 -a-가 나타나는 경우에 만들어질 수 있는 약화된 형태인 셈인데, 이 약화의 형태는 반모음 뒤의 -a-가 탈락되고 나서 남게 되는 반모음이 상응하는 모음의 역할을 하게 되는 경우를 가리킨다. 모음이 새로 자리 잡게 되는 셈이어서 음절의 수는 유지된다. 어쨌거나 "samprasāraṇa"라는 용어는 이렇게 반모음의 모음화가 나타났다는 사실 자체를 가리키는 용어이며, 이것이 반모음의 모음화를 만드는 문법적이거나 형태론적인 조작을 가리키는 말은 아니다. 같은 용어가 중세 인도어들에 나타나는 유사한 현상을 가리킬 때에도 사용되는데, 그렇게 사용되는 경우에는 실제 가리키는 내용이 여러 가지 다른 맥락을 모두 포함하는 일들이 많다. 특히나 약화시키는 방식으로 동사의 활용이 이루어지는 경우를 여러 가지 맥락에서 가리킬 때 사용된다. 나아가 인도 고전어들뿐 아니라 다른 인도유럽어에서 발견되는 유사한 현상을 samprasāraṇa라고 지칭하는 경우들도 있다. 이러한 넓은 의미에서 사용되는 맥락은 현재 학습자들에게 중요하지 않다.

우리는 앞서 모음의 강화 현상을 배우면서 짧은 모음 a를 앞쪽에서 첨가하는 방식의 강화 현상을 익혔다. 예로 a + i = e; a + e = a + a + i = ai는 이미 익숙한 모음싼디이다. 그런데 뒤쪽에서 짧은 모음 a를 첨가하는 것도 강화로 가능하다. 그렇다면 예로 i + a = ya; u + a = va라는 강화가 가능한 것이다. 그런데 i의 뒤에 -a를 첨가해서 강화가 이루어진다면 그 반대 방향으로의 변화는 약화라고 할 수 있다. 즉 ya -(빼기) a = y → i를 생각한다면 정확하게 강화의 반대 방향으로의 약화가 구현되는 것이다. va -(빼기) a = v → u 도 마찬가지의 경우가 되겠다. 결국 "쌈쁘라싸라나"라는 것은 우리가 앞서 익힌 강화 현상들의 반대 현상을 가리키는 이름이라고 할 수 있겠다. 그런데 우리가 이 "쌈쁘라싸라나"라는 이름으로 이렇게 약화 현상을 따로 이름 붙이고 마치 예외적인 음운변화가 일어나는 것처럼 다루어야 하는 데에는 나름의 사정이 있다. 바로 앞서 표02.01과 표02.02에서 설명한 것처럼 역사언어학적으로 볼 때 동사의 활용은 "약형—기본형—강화형"(표02.02)의 틀 속에서 동사말뿌리나 뒷토의 모음이 약화되거나 또는 강화되는 방식으로 이루어진다. 그런데 인도 문법전통에서는 "원모음—구나—브릳디"(표02.01)의 틀로 동사활용을 비롯한 모든 모음의 변화 현상을 설명한다. 따라서 강화는 있으되 약화는 형식적으로 있을 수가 없는 일이 되고 만다. 따라서 강화 현상으로만 설명이 되지 않는 명백한 모음의 약화 현상은 별도의 특별한 현상으로 다룰 수밖에 없게 되고 바로 이것이 쌈쁘라싸라나이다. 그렇다면 쌈쁘라싸라나는 모음의 약화 현상을 상정하지 않은 큰 이론적인 틀이 설명하지 못하는 현상을 추가적인 예외 현상으로 간주해서라도 설명하기 위한 땜질(ad hoc) 설명 방식이 되고 만다. 결국 표02.01과 표02.02에 나타난 차이가 보여주는 큰 틀에서의 함축이 여기에서 드러나고 있는 셈이다. 이론적인 일관성 면에서 문제삼을 수 있겠지만, 약간의 예외를 따로 처리하고 큰 틀에서 bhṛta (과거분사)—bharati (현재형)—babhāra (완료형)이라는 층위를 이루는 체계를 유지하는 편이 문법서술을 위해 더 나은 선택일 수도 있다. 따라서 우열을 가르는 판단을 내리기보다는 문법서술이 목적하는 바에 따른 합목적적인 선택의 문제로 간주하는 것이 더 합리적이라고 필자는 생각한다. 이에 대한 논의는 강성용의 논문 「쌍쓰끄리땀 문법의 서술,

구조적 쟁점들에 대하여」(『인문과학』, 2019년 115집)의 111쪽 이하를 참조하라.

인도 전통문법의 입장은 사태를 정확하게 이해하지 못한 잘못된 것이었다는 한 마디로 이 문제와 얽혀 있는 복잡한 사정이 파악되지는 않는다. 이미 16세기부터 인지되기 시작했던 쌍쓰끄리땀과 유럽 언어들의 역사적 연관성은 18세기 말에 접어들면서 구체적인 학문적 연구로 진전되기 시작했다. 특히나 라틴어와 고전그리스어를 쌍쓰끄리땀과 비교하는 역사비교언어학적 연구가 활발하게 진행되었다. 체계적인 유사성이 확인되는 것은 사실이지만 그 유사성이 지극히 표면적인 차원에서 쉽게 드러나는 것은 아니었다. 예로 쌍쓰끄리땀의 a가 나타나는 자리에는 고전그리스어나 라틴어의 e 혹은 o가 나타나는데 이것들은 쌍쓰끄리땀의 e나 o와는 아예 다른 모음들이었다. 체계적인 유사성에 대한 확인은 가능하지만 구체적인 경우들에서의 차이가 만들어지는 이유에 대한 설명이 필요한 상황이었다. 독일의 쌍쓰끄리땀 연구자이자 비교언어학자였던 브르만(Karl Brugmann)이 이룬 쌍쓰끄리땀 음운론에 관한 연구의 성취는 그를 중심으로 형성되어 있던 신문법론자(Neogrammarian)들이 지향하던 언어, 특히 음성의 변화에 대한 법칙적인 설명을 구체화한 좋은 선례였다. 이러한 배경에서 브르만에게서 영향을 받은 스위스 출신의 학생이었고, 후에 현대언어학과 현대기호학의 출발점을 만든 사람으로 꼽히는 언어학자 드 소쉬르(Ferdinand de Saussure)가 학생시절인 1878년에 출간한 책에서 하나의 중요한 가설을 주장한다. 내용인 즉, 원형인도유럽어에는 드러나지는 않지만 분명하게 자리 잡고 있는 것으로 생각될 수 있는(ghost) 소리들이 있는데 이것을 그는 "coefficients sonantiques"(sonant coefficients)라고 불렀다. 그의 가설은 긴 모음은 짧은 모음의 뒤에 변별력이 있는 coefficients sonantiques가 결합된 형태들에서 발전되어 나왔다는 것이었다. 이것은 형태론적인 유형에 대한 음운분석을 기초로 이루어진 가설에 불과했는데, 거의 50년이 지난 후인 1927년에 쿠료빗츠(Jerzy Kuryłowicz)가 발표한 논문에서 사실에 부합하는 것으로 입증되었다. 이러한 입증은 힡타잍(Hittite) 언어가 발견되고 그 자료들이 번역되어 소개되면서 가능해진 것이었다. 그런데 이 이론적인 설명은 나중에 덴마크의 언어학자 묄러(Hermann Möller)가 셈족 언어들에도 연관되는 laryngeal로 자리매김시키고 나중에 laryngeal theory(후두음 이론)로 다루어지게 된다. 이미 존재하는 언어 자료를 근거로 아직 확인되지 않은 언어 현상을 법칙적으로 설명하고 예측 가능하게 하겠다는 의도에서 상정된 숨겨진 자음이 역사언어학의 새로운 차원을 열어 주었다고 할 수 있다.

따라서 쌍쓰끄리땀을 배우는 우리에게 현재 전해진 쌍쓰끄리땀의 표면에 드러나는 소리, 예로 모음을 아는 것이 이 모음이 어떤 방식의 강화 내지는 약화 현상을 겪게 될 것인지를 온전하게 알 수 있게 해 주지는 못한다. 우리가 언어학자이고 역사언어학에 관심을 갖고 형태론과 음운론에서의 분석을 해내는 일을 하는 것이 지금의 과제가 아닌 이상 우리는 표면에 드러나지 않은 소리들까지 고려해서 쌍쓰끄리땀을 서술하고 배우기는 어렵다. 이러한 상황에 똑같이 놓여 있던 것이 인도 문법전통에 속하던 고대인도의 사람들이었다. 그들도 체계적인 일관성과 이론적인 완결성 그리고 간결성을 추구했겠지만, 그들이 활용할 수 있었던 언어 자료는 온전하게 그 당시의 쌍쓰끄리땀과 이와 연관 관계에 있던 지역 언어들 그리고 인도의 토착어들뿐이었다. 비교언어학적인 작업을 수행하기 어려운 상황이었다고 해야 한다. 그리고 실제 동사활용을 서술하는 문법에서는 10개 정도의 동사에서 드러나는 현상을 간단하게 예외적인 것으로 처리하는 방식이 보다 효율적이라고 판단할 수도 있었을 것이다. 물론 그들의 판단이 갖는 한계를 현재의 우리는 인지하고 있어야 할 필요가 있다.

※13.02 이 "일반체계"라는 말의 의미는 그냥 현재체계가 아니라는 뜻이다. 따라서 "일반체계"라는 말을 근거로 현재체계는 일반적이 아닌 특별한 체계라고 생각하거나 현재체계가 예외적인 활용 형태들을 보여주는 것이라고 오해해서는 안 된다. 현재체계는 현재말줄기를 기초로 삼아 만들어지는 활용 형태

이고 일반체계는 동사말뿌리에서 직접 만들어지는 활용형을 포함하는 체계라고 생각하는 것도 오해이다. 따라서 "일반체계"라는 말을 굳이 만들어서 사용하는 일에 반대할 수도 있겠지만, 현재체계가 아닌 모든 활용 체계를 아우르기 위해 고안해 낸 말로서는 나름의 유용성이 있다. 현재체계가 따로 다루어져야 하는 이유는, 자주 사용되기 때문에 가장 중요하다고 할 수 있어서 그렇다. 휘트니(Whitney, *Sanskrit Grammar* §600)의 판단으로는, 베다에서는 현재체계가 다른 모든 활용 체계를 합친 경우보다 3배, *Aitareya Brāhmaṇa*에서는 5배, 고대 우화모음집인 *Hitopadeśa*에서는 6배, 희곡작품 *Śakuntalā*에서는 6배, *Manusmṛti*에서는 30배 많다고 한다.

※13.08(01) 인도 전통문법이 자동사와 타동사도 구분하지 못하고 있다고 혀를 내두르는 태도를 보이는 학자도 있다. 이 의견과 분석은 객관적인 근거도 있다. 하지만 이렇게 이론적으로 문제가 있을 수 있더라도 쌍쓰끄리땀에서 사용되는 수동태 표현들을 보다 잘 익히고 설명할 수 있는 틀이라는 이유에서 본 교재는 "sakarmakadhātu"와 "akarmakadhātu"라는 개념틀을 사용하기로 한다. "타동사"는 "sakarmakadhātu"이고 "자동사"는 "akarmakadhātu"라고 하는 말은 맞지만 "타동사"와 "sakarmakadhātu", 그리고 "자동사"와 "akarmakadhātu"가 일치하는 것은 아니다.

※13.09 우리에게 익숙한 "자동사"와 "타동사" 개념의 짝으로 "nalo gṛhaṃ gacchati."라는 문장을 분석해서, 이 문장은 자동사를 사용한 문장이고, 이 경우의 대상격은 운동의 방향을 나타내는 부사적인 용례로 사용되고 있다고 받아들이면, 이 문장을 수동태로 바꾼다는 것은 기대하기 어려운 일이 되고 만다. 하지만 예문13.04와 같은 형태의 수동태는 쌍쓰끄리땀에서 일상적이라고 해야 할 만큼 자주 쓰인다. 그리고 이러한 수동문장이 가능하도록 전통문법에서는 장소의 이동을 나타내는 동사와 함께 사용되는 대상격을 타동사의 목적어로 사용되는 대상격과 동일한 것으로 간주한다. 따라서 예문13.04의 문장이 가능하다고 설명된다. 그런데 이와 달리 "गृहं नलेन

गम्यते। gṛhaṃ nalena gamyate." 형태의 수동태 문장도 자주 사용된다. 이 경우에는 대상격 gṛham이 방향을 나타내는 부사로 사용된 대상격이라는 사실이 수동문장에 반영되어 능동문장에서의 형태가 수동문장에서도 그대로 남은 것이다. 이와 같은 형태의 수동문장도 아주 자주 사용되는 형태의 수동문장이다. 영어에서는 수동형이 불가능한 표현들까지도 거의 예외 없이 수동형으로 표현이 가능한 것이 쌍쓰끄리땀의 수동형이 쓰이는 방식이다. 따라서 이러한 형태의 수동태를 모두 아울러 다루는 방식의 "행위자"(kartṛ)와 "행위대상"(karman) 개념을 사용한 문장 분석은 쌍쓰끄리땀의 문장 분석에서 효율적인 면이 있다.

※13.25 표13.04에서 우리는 nāma "이름하여"라는 부사가 바로 중성명사 nāman이 대상격이 되어 부사적으로 사용된 경우라는 것을 이해할 수 있다.

यस्य नाम शिवेनादीयत स दक्षस्य यज्ञस्य क्षयमनयत्। yasya nāma śivenādīyata sa dakṣasya yajñasya kṣayam anayat. "이름을 쉬바에게서 받은 그는 닥샤의 제사에 종말을 가져왔다."는 문장은 Vīrabhadra에 대한 서술이다.

※13.28 인도 철학사나 인도 종교사에 자주 등장하는 "brahman"의 남성과 중성을 명확하게 구분해야 하는 사정 때문에 학자들은 brahman (m.) 혹은 brahman (n.)이라고 쓰거나 남성의 경우 "brahmā"라고 임자격 단수를 쓰고 중성은 "brahma"라고 임자격 단수를 쓰기도 한다. 다르게는 "bráhman"으로 중성을 "brahmán"으로 남성을 표시하기도 한다. 이 방법은 당연히 강세의 위치를 표기함으로써 단어를 구분하는 방법이다. 어떤 방법을 사용하든, 분명하게 이 두 단어를 구분해서 이해하는 것은 인도 고전을 읽는 데에는 상식이라고 해야 할 사전지식이다. 이 내용을 이해하지 못하면서 생겨나는 오해들을 피해야 한다. 예로 brahma-veda(브라흐만에 대한 지식), brahma-carya(학생이나 수행자로서의 성스러운 생활) 등의 표현은 모두

중성 브라흐만에 연관된다.

이와는 다르게 파생형용사와 파생명사인 brāhmaṇa는 사제 혹은 사제 계급을 가리키거나 베다 텍스트의 일부를 이루는 텍스트를 가리킨다. 이 텍스트는 제사 의식을 이루는 요소들에 대한 설명을 담은 텍스트이다. 영어 자료에서 종종 보이는 "Brahmin" 혹은 "brahmin"이라는 표현은 영어에서 여러 가지 의미로 사용되고 흔히 쌍쓰끄리땀에서 쓰이는 "brāhmaṇa"와 같은 단어인 것으로 오해되지만 그렇지 않다. 쌍쓰끄리땀의 형용사 "brahmin" (brahman에 속하는)에서 나온 말이다. 쌍쓰끄리땀에서는 'brāhmaṇa"와 구분되는 것이 당연하다.

남성과 중성 "brahman"이 뒤섞이거나 혹은 일부러 뒤섞는 일은 이미 인도 전통 안에서도 있어 왔다. 예로 수행자가 brahmavihāra에 이른다고 말하면 정확한 원리의 의미는 중성 브라흐만과 연관되어 "우주의 원리에 일치되는 경지"를 말한다. 하지만 이 말을 남성 브라흐만에 연관시켜 해석하면 "브라흐만 신과 (함께) 머무는 경지"를 말하게 되어 상대적으로 절하된 평가가 가능해진다.

연습문제 풀이

▷ 13.01 다음을 한국어로 옮기시오.

▷ 13.01(01) **यत्तेन क्रियते तत्तयोच्यते।** yat tena kriyate tat tayocyate.

그가 행한 것을 그녀가 말한다. (←그에 의해 행해진 것이 그녀에 의해 말해진다.)

▷ 13.01(02) **यत्र वीरेण कृष्णेन स्थीयते तत्र न केभ्यश्चित्सर्वैः पुरुषैर्भीयते।**

yatra vīreṇa kṛṣṇena sthīyate tatra na kebhyaś cit sarvaiḥ puruṣair bhīyate.

영웅 끄리스나가 머물러 있는 곳에는 모든 사람들이 그 어떤 이들에 대해서도 두려워하지 않는다.

▷ 13.01(03) **यतः सा देवी तस्याः पत्या मुह्यते तत आत्मनो बलं न वेत्ति।**

yataḥ sā devī tasyāḥ patyā muhyate tata ātmano balaṃ na vetti.

그 여신은 남편에게 홀려서 스스로의 힘을 알지 못한다.

▷ 13.01(04) **सर्वेषु राजसु स श्रेष्ठ इति जनैरुद्यते।**

sarveṣu rājasu sa śreṣṭha iti janair udyate.

모든 왕 중에서 그가 최고라고 사람들에 의해 말해진다.

▷ 13.01(05) **कुतः स राजा तेन मुनिनाशप्यत । यतस्तस्य पुत्रो राज्ञ इषुणा म्रियते ततः स राजानमशपत्।**

kutaḥ sa rājā tena munināśapyata? yatas tasya putro rājña iṣuṇā mriyate tataḥ sa rājānam aśapat.

왜 그 왕은 그 성자에 의해 저주를 받았는가? 그의 아들이 왕의 화살로 (iṣuṇā) 죽었기 때문에 그는 왕을 저주했다.

13.02 다음 문장을 데바나가리로 표기하고 한국어로 옮기시오.

13.02(01) sarve janā rājñā pāyante.

सर्वे जना राज्ञा पायन्ते।

모든 사람들은 왕에 의해 지켜진다.

13.02(02) yadi yuddhe śatruṇā jīyate tarhi sarvadā tena hanyate.

यदि युद्धे शत्रुणा जीयते तर्हि सर्वदा तेन हन्यते।

전투에서 적에게 패배하면 항상 그에게 살해당한다.

13.02(03) yat tena smṛtividā bālena dṛśyate śrūyate ca tat tena smaryate.

यत्तेन स्मृतिविदा बालेन दृश्यते श्रूयते च तत्तेन स्मर्यते।

그 전승을 잘 알고 있는 소년이 듣고 본 것은 모두 그에 의해 기억된다.

13.02(04) ākāśo meghabhiḥ pūryate meghabhyo vāri patati ca.

आकाशो मेघभिः पूर्यते मेघभ्यो वारि पतति च।

허공이 구름들로 가득 찼고 구름들에서 비가 떨어진다.

13.02(05) yasmiṃs tenauṣyata tad vanam asmād nagarād dūram āsīt.

यस्मिंस्तेनौष्यत तद्वनमस्माद्नगराद्दूरमासीत्।

그가 살았던(auṣyata 수동과거형) 숲은 이 도시에서 멀리 있었다.

13.02(06) yasya nāma na kena cid avidyata tenāśuddho rākṣaso 'hanyata.

यस्य नाम न केनचिद्विद्यत तेनाशुद्धो राक्षसो ऽहन्यत।

이름이 누구에게도 알려지지 않았던 그자에 의해 부정한 락샤싸가 살해당했다.

▷ 13.02(07) yathā kavinā gīyate tathā veda ṛṣiṇā śrūyate paṇḍitena paṭhyate.

यथा कविना गीयते तथा वेद ऋषिणा श्रूयते पण्डितेन पठ्यते।

시인이 노래하는 것처럼 베다를 성인이 들었고 현자가 낭송한다.

▷ 13.03 다음 문장들을 해석하고 수동문장을 능동문장으로, 능동문장을 수동문장으로 바꾸어 데바나가리로 적으시오.

▷ 13.03(01) स मुनिराश्रमे तस्य पुत्रैः सह वसति।

sa munir āśrame tasya putraiḥ saha vasati.

그 성자는 그의 아들들과 함께 수행처에서 산다.

तेन मुनिनाश्रमे तस्य पुत्रैः सहोष्यते।

tena munināśrame tasya putraiḥ sahoṣyate.

▷ 13.03(02) राजा शत्रुभ्य आत्मनो नगरं पाति।

rājā śatrubhya ātmano nagaraṃ pāti.

왕은 적들로부터 자신의 도시를 지킨다.

राज्ञा शत्रुभ्य आत्मनो नगरं पायते।

rājñā śatrubhya ātmano nagaraṃ pāyate.

▷ 13.03(03) पण्डितः सत्यं जानाति ।

paṇḍitaḥ satyaṃ jānāti.

현자는 진리를 안다.

पण्डितेन सत्यं ज्ञायते।

paṇḍitena satyaṃ jñāyate.

13.03(04) अस्मिन्नरण्य एको वणिजको ऽतिष्ठत्।

asminn araṇya eko vaṇijako 'tiṣṭhat.

이 숲에서 한 상인이 머물렀다.

एकेन वणिजकेनास्मिन्नरण्ये ऽस्थीयत।

ekena vaṇijakenāsminn araṇye 'sthīyata.

13.03(05) देवस्तपसा पण्डितेनान्वीक्ष्यते।

devas tapasā paṇḍitenānvīkṣyate.

현자가 고행을 통해 신을 살펴본다.

पण्डितस्तपसा देवमन्वीक्षते।

paṇḍitas tapasā devam anvīkṣate.

13.03(06) राक्षसा राज्ञो ऽश्वानघ्नन्। तस्माद्राक्षसा इषुभी राज्ञाहन्यन्त।

rākṣasā rājño 'śvān aghnan. tasmād rākṣasā iṣubhī rājñāhanyanta.

락사싸들이 왕의 말들을 죽였다. 그리하여 락사싸들이 화살로 왕에 의해 살해당했다.

राज्ञो ऽश्वा राक्षसैरहन्यन्त। तस्माद्राजा राक्षसानिषुभिरहन्।

rājño 'śvā rākṣasair ahanyanta. tasmād rājā rākṣasān iṣubhir ahan.

13.03(07) तस्मिन्काले ब्रह्मणे देवाय ब्राह्मणैरिज्यते।

tasmin kāle brahmaṇe devāya brāhmaṇair ijyate.

그때 브라흐만 신을 위해 사제들에 의해 제사가 지내진다.

तस्मिन्काले ब्रह्मणे देवाय ब्राह्मणा यजन्ति।

tasmin kāle brahmaṇe devāya brāhmaṇā yajanti.

▷ 13.03(08) यज्ञे हवींषि बहुभिर्जनैरहूयन्त ।

yajñe havīṃṣi bahubhir janair ahūyanta.

제사에서 공물들이 많은 사람들에 의해 바쳐졌다.

यज्ञे बहवो जना हवींष्यजुहवुः।

yajñe bahavo janā havīṃṣy ajuhavuḥ.

▷ 13.03(09) सा नारी पत्या माता क्रियते।

sā nārī patyā mātā kriyate.

그 여인은 남편에 의해 어머니로 만들어진다.

पतिस्तां नारीं मातरं करोति।

patis tāṃ nārīṃ mātaraṃ karoti.

▷ 13.03(10) कवेः काव्यो मित्रेण श्रूयते ।

kaveḥ kāvyo mitreṇa śrūyate.

시인의 노래를 친구가 듣는다.

मित्रः कवेः काव्यं शृणोति।

mitraḥ kaveḥ kāvyaṃ śṛṇoti.

▷ 13.04 다음 이야기를 한국어로 옮기시오. (**हंस-काक-कथा**)

▷ 13.04(01) **अस्त्युत्तरमार्गस्य समीपे न्यग्रोधः। तत्र हंसः काकेन सहावसत् । एकस्मिन्समये कश्चिद्राजा श्रान्तो न्यग्रोधस्याध आगच्छत्। इषवो धनुषा सह मूले निधीयन्ते राज्ञा । स राजा च निद्रामकरोत् । पश्चात्तस्य**

मुखाद्वृक्षस्य च्छायापागच्छत्।

asty uttaramārgasya samīpe nyagrodhaḥ. tatra haṃsaḥ kākena sahāvasat. ekasmin samaye kaś cid rājā śrānto nyagrodhasyādha āgacchat. iṣavo dhanuṣā saha mūle nidhīyante rājñā. sa rājā ca nidrām akarot. paścāt tasya mukhād vṛkṣasya cchāyāpāgacchat.

옛날 옛적에, 북쪽(으로 향하는) 길 근처에 반얀나무가 있었다. 그곳에서 기러기는 까마귀와 함께 살고 있었다. 그 어느 때에 어떤 왕이 지쳐서 나무의 밑으로(adhas) 왔다. 왕은 화살들을 활과 함께 나무 뿌리 (위)에 내려놓는다 (화살들이 활과 함께 왕에 의해 바닥에 놓여진다.) 그리고 왕은 잠에 빠졌다. 나중에 그의 얼굴로부터 나무의 그림자(chāyā)가 멀어졌다.

13.04(02) ततो यस्य सूर्यतेजसा राज्ञो मुखं व्याप्यत स हंसेनादृश्यत। यो हंसो वृक्षेऽतिष्ठत्स राज्ञि करुणामकरोत्। तेन समयेन हंसस्य पक्षाभ्यां च राज्ञो मुखे छायाक्रियत। ततो यो राजा निद्रया सुखमभवत्कदाचित्तस्य मुखं व्यादीयते स्म।

tato yasya sūrya-tejasā rajño mukhaṃ vyāpyata sa haṃsenādṛśyata. yo haṃso vṛkṣe 'tiṣṭhat sa rājñi karuṇām akarot. tena samayena haṃsasya pakṣābhyāṃ ca rājño mukhe chāyākriyata. tato yo rājā nidrayā sukham abhavat kadā cit tasya mukhaṃ vyādīyate sma.

그리하여 태양빛에 의해서 얼굴이 덮히게 된(수동 과거) 왕이 기러기에 의해 발견되었다. 나무에 있었던 기러기는 왕에게 동정심이 생겼다. 그 상황에서 기러기의 두 날개를 가지고 왕의 얼굴에 그늘이 드리워졌다. 그래서 왕은 숙면으로 행복해졌고, 어느 때인가 그의 입이 벌어지게 되었다.

13.04(03) अथ यः काको ऽन्यस्य सुखमद्विष्ट तस्य पापः स्वभाव आसीत्। काकस्तस्य राज्ञो मुखे पुरीषस्योत्सर्गमकरोदन्यत्र चापतत्। तस्माद्राजा काकस्य पुरीषेन बुध्यते। यावदसौ राजोर्ध्वमन्वैक्षत तावद्धंसस्तेन

राज्ञादृश्यत। तस्य च राज्ञ इषुणा म्रियते।

atha yaḥ kāko 'nyasya sukham adviṣṭa tasya pāpaḥ svabhāva āsīt. kākas tasya rājño mukhe purīṣasyotsargam akarod anyatra cāpatat. tasmād rājā kākasya purīṣeṇa budhyate. yāvad asau rājordhvam anvaikṣata tāvad dhaṃsas tena rājñādṛśyata. tasya ca rājña iṣuṇā mriyate.

그런데 그 까마귀는 남의 행복을 싫어하여 본성이 사악했다. 까마귀는 그 왕의 얼굴(/입)에 똥을 누고 다른 곳으로 날아갔다. 그리하여 왕은 까마귀의 똥에 의해 깨어났다. 그 왕이 위를(ūrdhvam) 살펴보았고(anu-√īkṣ), 기러기가(tāvat-haṃsaḥ) 그 왕의 눈에 뜨였다(adṛśyata). 그리고 그 왕의 활로 죽임을 당했다.

▷ 13.04(04) न तिष्ठतु न गच्छतु हि पापेन सह क्वचित्। यः काकेन सह हंसो ऽवसत्स पापेन काकेन म्रियते ।

na tiṣṭhatu na gacchatu hi pāpena saha kva cit. yaḥ kākena saha haṃso 'vasat sa pāpena kākena mriyate.

그 어디라도 사악한 자와 함께 머물지 말고 함께 가지도 말라! 까마귀와 함께 살던 기러기는 사악한 까마귀에 의해 죽임을 당했다.

제14과
संस्कृतवाक्योपक्रिया

※14.01 자연스럽지 못한 "iṬ"라는 이름이 붙는 이유는 모음 i를 가리키는 전문용어를 만들기 위해 인공언어적인 요소로 Ṭ를 첨가하기 때문이다. 이렇게 첨가된 Ṭ는 빠니니문법 체계 안에서 이루어지는 형태상의 조작을 규정하는 역할을 한다. 이 Ṭ가 인공언어적으로 문법 조작이 어떻게 이루어져야 하는지를 표시해 주는 꼬리표나 부호 역할을 한다고 생각하면 된다. 앞서 ✤06.13에서도 대문자로 표시된 iṬ를 본 적이 있다. 데바나가리 문자에서는 대·소문자의 구분이 없지만, 현대 인도학자들이 로마자로 표기할 때에는 빠니니문법에서 사용되는 인공언어적인 요소를 쉽게 구분하기 위해 대문자로 표기하는 것이 일반적인 관례이다. 이렇게 대문자로 표시되는 표지소리(इट् 혹은 अनुबन्ध)에 대해서는 『빠니니 읽기』 73쪽 이하를 보라.

※14.12 예문14.11: शिष्यो हूतात्प्रेताद्बिभेति। śiṣyo hūtāt pretād bibheti. "학생이 불러낸 귀신을 무서워한다."에 나타나는 명사 "preta" 자체가 과거분사이다. pra-√i 2P. [praiti] "앞으로 가다, 나타나다, 출발하다, 떠나다, 죽다"의 과거분사가 명사로 사용되어 "죽은 사람의 영혼"이나 "죽은 이들의 세계에 안착하기 전의 떠도는 영혼이나 귀신"을 의미하는 단어가 된 것이다. 한문으로는 "餓鬼"라고 번역한다.

※14.13 예문14.14는 앞서 13과 연습문제 ▷13.02(07)의 문장이고 예문14.15는 연습문제 ▷13.03(10)의 문장이다.

※14.19(01) 인도 전통문법에서 이 뒷토들을 부를 때 사용하는 이름이 각각 "मतुप् matUP"과 "वतुप् vatUP"이다. 이 이름들은 알아 둘 만한 것들이다. 이유는 소유나 가짐의 의미로 사용되는 이 뒷토들과 같은 형태를 가지고 있지만 의미가 다른 말들과 구분하고자 할 때 학자들이 종종 이 용어를 사용하기 때문이다.

※14.21

-mat(/-mant), -vat(/-vant) 끝자음명사의 남성곡용 dhīmat [a.] "현명한, 사려 깊은"

격	약칭	단수	양수	복수
임자격	N.	धीमान् dhīmān	धीमन्तौ dhīmantau	धीमन्तः dhīmantaḥ
대상격	A.	धीमन्तम् dhīmantam	धीमन्तौ dhīmantau	धीमतः dhīmataḥ
수단격	I.	धीमता dhīmatā	धीमद्भ्याम् dhīmadbhyām	धीमद्भिः dhīmadbhiḥ
위함격	D.	धीमते dhīmate	धीमद्भ्याम् dhīmadbhyām	धीमद्भ्यः dhīmadbhyaḥ
유래격	Ab.	धीमतः dhīmataḥ	धीमद्भ्याम् dhīmadbhyām	धीमद्भ्यः dhīmadbhyaḥ
가짐격	G.	धीमतः dhīmataḥ	धीमतोः dhīmatoḥ	धीमताम् dhīmatām
곳때격	L.	धीमति dhīmati	धीमतोः dhīmatoḥ	धीमत्सु dhīmatsu
부름격	V.	धीमन् dhīman	धीमन्तौ dhīmantau	धीमन्तः dhīmantaḥ

※14.28 과거능동분사의 형태가 가진 의미를 어렵지 않게 연상해 볼 수 있는 맥락이 있다. 예를 들어 "말했다"를 과거능동분사로 표현해서 uktavat를 사용했다고 하자. 예로 rājānam uktavān. (그 사람이 왕에게 말했다.)라는 표현을 생각해 보자. 과거(수동)분사인 ukta에 "~을 갖다"는 의미를 가진 뒷토 -vat를 결합시킨 형태를 사용한 셈이 된다. 그런데 이 형태가 어떻게 과거의 행동을 나타내는 표현이 되는 것일까? 한번 쯤 떠올릴 만한 질문이다. 영

어의 문장 “He has spoken to the king”을 떠올려 보자. 이 영어 문장에서 spoken이라는 과거수동분사가 have라는 “가지다”의 뜻을 가진 표현과 결합되어서 “말했다”라는 뜻을 나타내고 있지 않은가? 인도유럽어에 퍼져 있던 어떤 표현 방식들 중의 하나로 과거수동분사와 “갖는다”는 의미를 가진 표현을 결합시켜서 과거의 일을 나타내는 표현 방식이 있었던 것이라고 보인다.

연습문제 풀이

14.01 다음을 한국어로 옮기시오.

14.01(01) **पूर्णे चन्द्रे शशेनोषितम्।**

pūrṇe candre śaśenoṣitam.

보름달에는 토끼가 산다.

14.01(02) **यस्माद्भवानागच्छत्तस्मिन्देशे संवत्सरमजीवम्।**

yasmād bhavān āgacchat tasmin deśe saṃvatsaram ajīvam.

당신이 온 그 지역에서 나는 일년 동안 살았다.

14.01(03) **मूर्खः पण्डितेनोक्तं श्रुतवानपि नावगतवान्।**

mūrkhaḥ paṇḍitenoktaṃ śrutavān api nāvagatavān.

바보는 현자가 말하는 것을 들었지만 이해하지 못했다.

14.01(04) **यज्ञेन प्राप्तात्फलात्स ब्राह्मणो रतः।**

yajñena prāptāt phalāt sa brāhmaṇo rataḥ.

제사로 얻은 결과 때문에 그 사제는 만족했다.

14.01(05) **एवमस्तु भवन्निति वाक्यं मया श्रुतम्।**

evam astu bhavann iti vākyaṃ mayā śrutam.

"그렇게 하겠습니다, 그대여!"라는 말을 내가 들었다.

14.01(06) **यस्मिन्मुनयो राक्षसेभ्यो भीतास्तं वनं वीरेण गतम्।**

yasmin munayo rākṣasabhyo bhītās taṃ vanaṃ vīreṇa gatam.

성자들이 락사싸들을 두려워하고 있는 숲에 영웅이 간다.

▷ 14.01(07) बुद्धस्य वचनं तस्य धीमद्भिर्मित्रभिः श्रुतम्।

buddhasya vacanaṃ tasya dhīmadbhir mitrabhiḥ śrutam.

붇다의 말을 그의 사려 깊은 동료들이 들었다.

▷ 14.01(08) यस्य हस्तः शिवेन च्छिन्नं तेन कृते जगति पुरुषा वसन्ति।

yasya hastaḥ śivena cchinnaṃ tena kṛte jagati puruṣā vasanti.

쉬바에게 팔이 잘린 자에 의해 만들어진 세계에 사람들이 산다.

▷ 14.01(09) पापेन चौरेण चोरितश्छागः क्रतौ हूयते। तदर्थं स्तम्भे बद्धश्च।

pāpena caureṇa coritaś chāgaḥ kratau hūyate. tadarthaṃ stambhe baddhaś ca.

사악한 도둑에 의해 훔쳐진 염소가 제사에 바쳐진다. 그 목적으로 말뚝에 묶였다.

▷ 14.01(10) यत्र यत्र स कविर्गच्छति तत्र तत्र पुरुषा तेन गीतं काव्यं शृण्वन्ति।

yatra yatra sa kavir gacchati tatra tatra puruṣā tena gītaṃ kāvyaṃ śṛṇvanti.

그 시인이 가는 곳마다 사람들은 그에 의해 불려지는 노래를 듣는다.

▷ 14.02 다음 문장을 데바나가리로 표기하고 한국어로 옮기시오.

▷ 14.02(01) devānāṃ kratur ahūtena devena naṣṭaḥ.

देवानां क्रतुरहूतेन देवेन नष्टः।

신들의 제사가 초대받지 않은 신 때문에 망했다.

▷ 14.02(02) vaṇijakena gṛhītaṃ vānaraṃ paśyāmi.

वणिजकेन गृहीतं वानरं पश्यामि।

나는 상인에게 잡힌 원숭이를 본다.

▷ 14.02(03) tasya sevakaiḥ praṇatena rājñā pitṛbhya iṣṭam.

तस्य सेवकैः प्रणतेन राज्ञा पितृभ्य इष्टम्।

그의 시종들에게 인사 받는 왕에 의해 조상들을 위한 제사가 치러졌다.

▷ 14.02(04) vana uṣito muniḥ puruṣeṇājñātaṃ satyam apy ajānāt.

वन उषितो मुनिः पुरुषेणाज्ञातं सत्यमप्यजानात्।

숲에(vane) 사는 성자는 사람들에게 알려지지 않은 진실도 알았다.

▷ 14.02(05) bhuvi panno haṃso jambukena khāditaḥ.

भुवि पन्नो हंसो जम्बुकेन खादितः।

땅에 떨어진 거위가 자칼에게 먹혔다.

▷ 14.02(06) idaṃ dagdhaṃ havir agninā svargaṃ hriyate.

इदं दग्धं हविरग्निना स्वर्गं ह्रियते।

이 태워진 제물은 불이 하늘로 가져간다.

▷ 14.02(07) rājñā pātā janāḥ sukhaṃ vasanti.

राज्ञा पाता जनाः सुखं वसन्ति।

왕에게 보호받는 사람들은 행복하게 산다.

▷ 14.02(08) yāvad idaṃ nagaraṃ bhavatā na tyaktaṃ tāvad aham apy atra sthitaḥ.

यावदिदं नगरं भवता न त्यक्तं तावदहमप्यत्र स्थितः।

이 도시가 당신에 의해서 버려지지 않는 한 나도 여기 머무른다.

ᐅ 14.02(09) yat kaś cin na manyate tad duḥkhaṃ mahatā vīreṇa soḍham.

यत्कश्चिन्न मन्यते तद्दुःखं महता वीरेण सोढम्।

누구도 생각할 수 없는 고통을 위대한 영웅이 견뎠다.

ᐅ 14.03 다음 이야기를 한국어로 옮기시오. (**नकुल-ब्राह्मण-कथा**)

ᐅ 14.03(01) **अस्ति दक्षिणे देशे देवदत्तो नाम ब्राह्मणः। यदा तस्य पुत्रो जातस्तदा स पुत्रवान्पिताभवत्। कदाचिद्या स्नानमैच्छत्सा माता शिशुं पुत्रं रक्षणस्यार्थं भर्तारं रक्षां प्राचोदयत्। सा च स्नानाय गता। यदा ब्राह्मणेन पुत्रो रक्षितस्तदैव खलु ब्राह्मणेभ्यो राज्ञा दानं दीयत इत्याह्वानं राज्ञ आगतम्।**

asti dakṣiṇe deśe devadatto nāma brāhmaṇaḥ. yadā tasya putro jātas tadā sa putravān pitābhavat. kadā cid yā snānam aicchat sā mātā śiśuṃ putraṃ rakṣaṇasyārthaṃ bhartāraṃ rakṣāṃ prācodayat. sā ca snānāya gatā. yadā brāhmaṇena putro rakṣitas tadaiva khalu brāhmaṇebhyo rājñā dānaṃ dīyata ity āhvānaṃ rājña āgatam.

남쪽 지방에 "데바닫따"라는 이름의 사제가 있었다. 그의 아들이 태어났을 때 그는 아이를 가진 아버지가 되었다. 어느 날 목욕을 하고 싶어하던 엄마는 어린 자식을 보호하기 위해 남편에게 보살피라고 하였다. 그리고 그녀는 목욕을 하러 갔다. 아이가 사제에 의해 보호되고 있을 때, 때마침 바로 그때에 사제들에게 선물을 준다는 왕의 초청이 왔다.

ᐅ 14.03(02) **स ब्राह्मण आह्वानं श्रुतवान्दरिद्र आसीत्। ततः स मनस्येवमचिन्तयत्। यदि सत्वरं न गच्छामि तदा तच्छ्रुतैरन्यैर्ब्राह्मणैर्मम दानं ह्रियते। किं तु पुत्रस्य रक्षणमत्र नास्ति। तत्किं करोमि। चिरात्कालात्पश्चादेकं कुशलमुपायं तेन ब्राह्मणेन लब्धम्। यं चिरेण प्रजामिवामुं नकुलं संवर्धयामि तेन मम पुत्रं रक्षितम्। तथैव सर्वस्मात्कृतात्परतः स ब्राह्मणो राजगृहं गतः।**

sa brāhmaṇa āhvānaṃ śrutavān daridra āsīt. tataḥ sa manasy evam acintayat. yadi satvaraṃ na gacchāmi, tadā tac chrutair anyair brāhmaṇair mama dānaṃ hriyate. kiṃ tu putrasya rakṣaṇam atra nāsti. tat kiṃ karomi? cirāt kālāt paścād ekaṃ kuśalam upāyaṃ tena brāhmaṇena labdham. yaṃ cireṇa prajām ivāmuṃ nakulaṃ saṃvardhayāmi tena mama putraṃ rakṣitam. tathaiva sarvasmāt kṛtāt parataḥ sa brāhmaṇo rājagṛhaṃ gataḥ.

그것을 들은 그 사제는 가난했다. 그래서 그는 마음속으로 이렇게 생각했다. "만약 내가 서둘러 가지 않는다면, 나의 선물을 그 소식을 들은 다른 사제들이 가져갈 것이다. 그러나 그런 경우에는 (아들의 보호가 없다→) 아들을 지키지 못한다. 그러니 내가 어떻게 해야 하지?" 긴 시간이 지난 후에 한 좋은 방법을 그 사제가 (얻었다→)찾아냈다. "내가 오랫동안 아들처럼 길러온 저 몽구스가 내 아이를 지킬 것이다." 모든 것을 그렇게 해 놓고 나서 그 사제는 왕궁으로 갔다.

14.03(03) अथ तेन नकुलेन बालस्य समीपमागतं स च तं बालं रक्षितवान्। चिरात्कालाद्दृष्टो महान्कृष्णो ऽहिर्बालस्य समीपमागतवान्। नकुलेन बलवता तदा सो ऽहिरहन्यत। अहिः कुपितेन नकुलेन खण्डं खण्डं कृतश्च भक्षितश्च। यस्य नकुलस्य मुखं रक्तं गतं स तं पतिं ब्राह्मणं गृहमागतवन्तमपश्यत्ततश्च स नकुलः पतेः समीपे द्वारं प्रत्यगच्छत्।

atha tena nakulena bālasya samīpam āgataṃ sa ca taṃ bālaṃ rakṣitavān. cirāt kālād dṛṣṭo mahān kṛṣṇo 'hir bālasya samīpam āgatavān. nakulena balavatā tadā so 'hir ahanyata. ahiḥ kupitena nakulena khaṇḍaṃ khaṇḍaṃ kṛtaś ca bhakṣitaś ca. yasya nakulasya mukhaṃ raktaṃ gataṃ sa taṃ patiṃ brāhmaṇaṃ gṛham āgatavantam apaśyat tataś ca sa nakulaḥ pateḥ samīpe dvāraṃ praty agacchat.

그래서 그 몽구스는 아이의 곁으로 갔고 아이를 지켰다. 긴 시간이 흐르고 나서 큰 검푸른 뱀이 아이의 근처에 온 것이 보였다. 그러자 강한 몽구스가 그 뱀을 죽였다. 그리고 뱀은 화가 난 몽구스에 의해 조각 조각 찢겨졌고 먹혔다. 주둥이가 핏빛이 된 그 몽구스는 그 주인인 브라흐만이 집으로 돌아온 것을 보았고 그래서 그 몽구스는 주인의 근처로 입구를 향해 갔다.

▷ 14.03(04) **यदा नकुलस्य मुखं ब्राह्मणेनादृश्यत द्वारे तदा मम पुत्रो ऽनेन भक्षित इत्यधीमता चिन्तितम्। ततो नकुलः कुपितेन ब्राह्मणेन हतः। अचिरं यावत्स्वगृहं स प्रविष्टस्तावत्पुत्रं निद्रां गतमहिं च हतमपश्यत्। ततो ऽबुद्धिमतो ब्राह्मणस्य मनसि परमं दुःखमुदतिष्ठत्।**

yadā nakulasya mukhaṃ brāhmaṇenādṛśyata dvāre tadā mama putro 'nena bhakṣita ity adhīmatā cintitam. tato nakulaḥ kupitena brāhmaṇena hataḥ. aciraṃ yāvat svagṛhaṃ sa praviṣṭas tāvad putraṃ nidrāṃ gatam ahiṃ ca hatam apaśyat. tato 'buddhimato brāhmaṇasya manasi paramaṃ duḥkham udatiṣṭhat.

브라흐만이 입구에서 몽구스의 주둥이를 보았을 때, "내 자식이 이 놈에게 먹혔구나."라고 사려 깊지 않은 브라흐만이 생각했다. 그리하여 몽구스는 화가 난 사제에 의해 죽임을 당했다. 오래지 않아 자신의 집으로 그가 들어가자 아들은 잠들어 있고 뱀은 죽어 있는 것을 보았다. 그리하여 판단력이 없었던 사제의 마음에 극심한 괴로움이 생겨났다.

▷ 14.03(05) **यो ऽर्थस्य तत्त्वमविज्ञातो ऽपि कुपितस्तस्य नष्टं खलु निश्चयं यथा नकुलाच्चापलो ब्राह्मणो दुःखितस्तथा।**

yo 'rthasya tattvam avijñāto 'pi kupitas tasya naṣṭaṃ khalu niścayaṃ yathā nakulāc cāpalo brāhmaṇo duḥkhitas tathā.

사태가 어떠한지를 알지도 못하는 자가 화를 낸다면 그의 파멸이야말로 확실하다. 마치 경솔한 사제가 몽구스 때문에 고통받은 것처럼.

인도 고전어 쌍쓰끄리땀 첫마당1 학습서

초판 1쇄 인쇄 2022년 6월 13일
초판 1쇄 발행 2022년 6월 22일

지은이 강성용
펴낸이 장지연
편 집 이은경
펴낸곳 도서출판 라싸
출판등록 2018년 10월 2일 제 2018-000295호
주소 (06161)서울특별시 강남구 선릉로 524, 522호(삼성동, 선릉대림아크르텔)
전화 (02) 557-4157 | **팩스** (02) 553-4157
홈페이지 www.rasabooks.kr | **이메일** jyjang@ghculture.kr

ISBN 979-11-965912-2-9 03790